Dr. Oetker

FITMACHER
Frühstück

Dr. Oetker

FITMACHER
Frühstück

VORWORT

Ein gutes Frühstück ist der beste Garant für einen guten Tag! Starten Sie mit unseren abwechslungsreichen Rezepten fit und genussvoll durch. Egal ob süß oder herzhaft, einfach oder etwas aufwendiger, für den kleinen oder großen Hunger – hier finden Sie zahlreiche Köstlichkeiten, die Sie mit ausreichend Energie versorgen. So bleiben Sie leistungsfähig und fühlen sich einfach rundum wohl.

Der Crunch-Müsli-Wochenvorrat wird jeden Tag mit Quark, Sojamilch, Haferdrink oder Joghurt und ein paar frischen Früchte neu kombiniert. Wer's morgens eilig hat, friert sich selbst gebackene Buchweizen-Beeren-Muffins ein und taut sie bei Bedarf einfach auf. Echte Morgenmuffel greifen mit Green Summer Smoothie, Detox-Drink oder Frühstücks-Lassi zur Flüssignahrung und holen sich so jede Menge Vitamine und Nährstoffe.

Genießer verwöhnen sich mit dem üppig belegten Frühstücksburger oder, echt edel, einem Teller süßem Sushi. Kornknacker, Frühstücks-Scones und Honig-Müsli-Stangen ersparen den Gang zum Bäcker und schmecken bereits solo super. Mit selbst gemachtem Erdbeer-Honig-Aufstrich, veganem* Sojaquark oder veganer Avocado-Limetten-Creme wird daraus blitzschnell eine Brotzeit de luxe.

Alle Rezepte wurden von uns getestet und so beschrieben, dass Sie Ihnen sicher gelingen.

*Vegane Rezepte haben wir extra gekennzeichnet.

KERNIG & FRUCHTIG

Flocken, Flakes, Nüsse, Samen und Kerne. Dazu frische oder getrocknete Früchte, Milch, Mandeldrink, Joghurt, Quark oder Tofu – fertig. Diese Kreationen machen löffelweise satt und glücklich.

HIRSEFLOCKEN-QUARKCREME
MIT SANDDORN-APRIKOSEN-SAUCE

LEUCHTEND

2 Portionen

Pro Portion:
E: 20 g, F: 7 g, Kh: 47 g,
kJ: 1458, kcal: 347, BE: 4,0

Zum Vorbereiten:
150 ml Apfelsaft
  (ohne Zuckerzusatz)
1 Prise gem. Zimt
25 g Hirseflocken

15 g Pekannusskerne

**Für die Sanddorn-
Aprikosen-Sauce:**
150 g frische Aprikosen
4 EL Apfelsaft (ohne Zuckerzusatz)
2 EL Sanddorn-Fruchtaufstrich
  oder -mus
2 EL Wasser
¼ Granatapfel

Außerdem:
250 g Magerquark
evtl. etwas flüssiger Honig oder
  Apfelsüße (Reformhaus oder
  Naturkostladen)

Zubereitungszeit:
15 Minuten, ohne Abkühlzeit
Quellzeit:
etwa 15 Minuten

1 Zum Vorbereiten Apfelsaft mit Zimt in einem Topf zum Kochen bringen. Hirseflocken einstreuen und nochmals kurz aufkochen lassen. Anschließend die Masse in eine Schüssel umfüllen und lauwarm abkühlen lassen.

2 In der Zwischenzeit die Pekannusskerne in grobe Stückchen hacken. Dann in einer Pfanne ohne Fett unter Wenden rösten, bis die Nüsse anfangen zu duften. Pekannusskerne auf einen Teller geben und erkalten lassen.

3 Für die Sanddorn-Aprikosen-Sauce die Aprikosen heiß abwaschen, halbieren und entkernen. Die Aprikosenhälften in kleine Stücke schneiden, dann in einen hohen Rührbecher geben. Apfelsaft, Aufstrich oder Mus und Wasser hinzugeben. Die Zutaten mit einem Pürierstab fein pürieren. Die Kerne aus dem Granatapfelstück mithilfe einer Gabel herauslösen und untermischen.

4 Den Quark zu der Hirsemasse geben und unterrühren. Die Quarkcreme nach Belieben mit etwas Honig oder Apfelsüße abschmecken. Die Hirseflocken-Quarkcreme mit der Sanddorn-Aprikosen-Sauce in Dessertgläser schichten und mit den gerösteten Pekannusskernen bestreuen.

FITMACHER-TIPP:

Aprikosen schmecken am besten, wenn sie vollreif sind. Die meisten Aprikosen werden halbreif von Mai bis August importiert, da sie vollreif nur kurze Zeit haltbar sind. Die süßen Früchte punkten vor allem mit ihrem Beta-Carotin-Gehalt.

KIWI-APFEL-SALAT
MIT QUARK-PANCAKES
PERFEKT ZUM SONNTAGSBRUNCH

1 Portion

Pro Portion:
E: 27 g, F: 10 g, Kh: 52 g,
kJ: 1760, 419 kcal, BE: 4,5

Zum Vorbereiten:
125 g Magerquark
1 Eigelb (Größe M)
2 EL Schmelzflocken,
 z. B. aus Hafer oder Dinkel

Für den Kiwi-Apfel-Salat:
1 Kiwi
1 kleiner saftiger Bio-Apfel
3–4 Blättchen Minze

1 Eiweiß (Größe M)
1 Prise Salz
1 gestr. EL Zucker

Außerdem:
½ TL Sonnenblumenöl
evtl. einige Blättchen Minze

Zubereitungszeit: 15 Minuten

1 Zum Vorbereiten Quark in eine Rührschüssel geben, mit Eigelb und Schmelzflocken glatt rühren. Die Quarkmasse etwa 2 Minuten quellen lassen.

2 In der Zwischenzeit für den Salat Kiwi schälen und klein schneiden. Apfel heiß abwaschen, abtrocknen, vierteln und entkernen. Evtl. ein Apfelviertel in Spalten schneiden. Die restlichen Apfelviertel klein schneiden. Apfel- und Kiwistücke mischen.

3 Die Minzeblättchen abspülen, trocken tupfen, klein schneiden und unter die Obstwürfel mischen.

4 Eiweiß mit Salz steif schlagen. Den Zucker unterschlagen. Den Eischnee unter die Quarkmasse heben.

5 Eine beschichtete Pfanne mit Sonnenblumenöl ausstreichen und erhitzen.

6 Den Teig in etwa 5 gleich großen Portionen in die Pfanne geben. Dabei die einzelnen Teigportionen mit einem Löffel etwas verstreichen. Die Pancakes von beiden Seiten knusprig braun braten.

7 Die Pancakes mit dem Salat auf einem Teller anrichten und nach Belieben mit den Apfelspalten und abgespülten, trocken getupften Minzeblättchen garnieren.

FITMACHER-TIPP:

Vitamin C, Ballaststoffe, dazu wenig Kalorien und wenig Fett – Kiwis darf man sich gerne schmecken lassen. Gut zu wissen: Die Früchte enthalten das Enzym Bromelin, es verhindert das Gelieren. Verwenden Sie daher für Gelatinespeisen keine frischen Früchte, sondern Kiwis aus der Dose. In Milchspeisen, die länger stehen, entwickeln Kiwis einen bitteren Beigeschmack. Diesen können Sie reduzieren, wenn Sie die geschälten Kiwis kurz mit heißem Wasser übergießen, abtropfen lassen und erst dann in die Milchspeise geben.

OBST-GETREIDE-SPEISE
MIT MANDELMUS

2 Portionen

Pro Portion:
E: 10 g, F: 14 g, Kh: 69 g,
kJ: 1850, kcal: 442, BE: 5,5

Zum Vorbereiten:
100 g 4-Korn-Flocken
   (z. B. aus Hafer, Dinkel, Gerste
   und Roggen)

Für den Obstsalat:
1 kleiner Bio-Apfel
1 kleine Banane
1 Kiwi
1 EL Rosinen

Außerdem:
100 ml Apfelsaft (naturtrüb)
2 EL Mandelmus (Reformhaus oder
   Naturkostladen)
1 EL Agavendicksaft
   (ersatzweise anderer Frucht-
   Dicksaft oder Ahornsirup)

Zubereitungszeit:
15 Minuten
Einweichzeit:
über Nacht

1 Zum Vorbereiten die 4-Korn-Flocken in einer Schale mit Wasser gut bedecken und über Nacht darin einweichen. Am nächsten Morgen die eingeweichten Getreideflocken in einem Sieb abtropfen lassen.

2 Für den Obstsalat den Apfel heiß abwaschen, abtrocknen, vierteln und entkernen. Die Apfelviertel mit der Schale zuerst in Spalten, dann quer in dünne Stücke schneiden. Banane schälen und in Scheiben schneiden. Kiwi schälen, zuerst in Scheiben, anschließend in Stücke schneiden.

3 Die Rosinen nach Belieben in einem Sieb mit kaltem Wasser abspülen und gut abtropfen lassen. Anschließend evtl. mit Küchenpapier trocken tupfen.

4 Apfelsaft mit Mandelmus und Agavendicksaft gut verrühren. Das vorbereitete Obst mit den Rosinen unter die Apfel-Mandel-Sauce mischen. Die Getreideflocken vorsichtig unterheben und die Speise in Müslischalen anrichten.

Tipp: Die nächtliche Einweichzeit entfällt, wenn Sie statt 4-Korn-Flocken die gleiche Menge Getreidesprossen (zum Beispiel aus Dinkel, Gerste, Roggen, Weizen) verwenden. Diese dann nur in einem Sieb mit kaltem Wasser abspülen und gut abtropfen lassen. Getreidesprossen sind allerdings im Reformhaus oder Naturkostladen nicht immer und überall vorrätig.

FITMACHER-TIPP:

Äpfel stecken voller Vitamin C, sind kalorien- und fettarm und durch ihre Ballaststoffe dabei angenehm sättigend.

CHIA-FRÜHSTÜCK
MIT ERDBEER-BANANEN-SALAT

2 Portionen

Pro Portion:
E: 7 g, F: 8 g, Kh: 28 g,
kJ: 1038, kcal: 248, BE: 2,5

Zum Vorbereiten:
30 g Chia-Samen (Reformhaus,
  Naturkostladen oder online)
250 ml Mandeldrink, gesüßt

Für den Erdbeer-Bananen-Salat:
300–400 g Erdbeeren
etwas frische Minze
1–2 EL Zitronensaft
1 kleine Banane (etwa 130 g)

Zubereitungszeit:
10 Minuten
Quellzeit:
mindestens 20 Minuten, am besten
über Nacht

1 Zum Vorbereiten die Chia-Samen mit dem Mandeldrink in eine Schale geben und sorgfältig verrühren, bis alles gleichmäßig vermischt ist. Die Zutaten mit Frischhaltefolie zugedeckt mindestens 20 Minuten – am besten über Nacht – quellen lassen.

2 Für den Erdbeer-Bananen-Salat kurz vor dem Anrichten die Erdbeeren abspülen, sehr gut abtropfen lassen und entstielen. Erdbeeren in mundgerechte Stücke schneiden. Minze abspülen und trocken tupfen.

3 Die Erdbeerstückchen mit dem Zitronensaft in einer Schale mischen. Banane schälen, längs halbieren und in Scheiben schneiden. Die Bananen unter die Erdbeeren mischen.

4 Das Chia-Frühstück in Gläsern anrichten, den Erdbeer-Bananensalat daraufgeben und mit der Minze garnieren.

Tipps: Sie können den gesüßten Mandeldrink durch gesüßten Reis- oder Kokosdrink ersetzen. Die Erdbeeren lassen sich durch andere Früchte der Saison austauschen, zum Beispiel Himbeeren, Heidelbeeren, Orangen oder Melonen. Sie können die Minzeblättchen auch von den Stängeln zupfen, fein schneiden und mit dem Zitronensaft unter die Erdbeeren mischen.

FITMACHER-TIPP:

Chia-Samen werden in Deutschland gerade erst bekannt, dabei macht sie ihr Gehalt an Kalzium, Antioxidantien und Omega-3-Fettsäuren zu echten Kraftpaketen unter den Lebensmitteln. Verrührt man die Samen mit Flüssigkeit, quellen sie gelartig auf.

WARME
BREAKFAST-QUINOA
KRAFTPAKET FÜR POWERTAGE

2–3 Portionen

Pro Portion:
E: 21 g, F: 20 g, Kh: 78 g,
kJ: 2442, kcal: 582, BE: 6,4

150 g Quinoa
700 ml Milch (3,5 % Fett)
30 g gehobelte Mandeln
25 g getrocknete Soft-Feigen
25 g getrocknete Cranberrys
25 g getrocknete Sauerkirschen
½ TL gem. Zimt
20 g brauner Zucker

Zubereitungszeit:
15 Minuten
Garzeit:
22–25 Minuten

1 Quinoa in einem Sieb mit reichlich heißem Wasser abspülen, abtropfen lassen, in einen hohen, weiten Topf geben und mit der Milch auffüllen. Quinoa zugedeckt bei schwacher Hitze 22–25 Minuten garen. Dabei öfter umrühren.

2 In der Zwischenzeit die Mandeln in einer Pfanne ohne Fett unter Wenden goldbraun rösten und auf einen Teller geben.

3 Die Feigen in kleine Stücke schneiden. Feigen, Cranberrys, Sauerkirschen, Zimt und Zucker etwa 5 Minuten vor Garzeitende unter die Quinoa rühren.

4 Die Breakfast-Quinoa in zwei Schälchen anrichten, mit den gerösteten Mandeln bestreuen und noch warm servieren.

Tipp: Seien Sie bei der Wahl der Trockenfrüchte kreativ und mixen Sie je nach Ihrer persönlichen Vorliebe. Mittlerweile gibt es auch in gut sortierten Supermärkten eine sehr große Auswahl. Probieren Sie doch einmal Soft-Datteln, Apfelringe oder Soft-Aprikosen aus.

FITMACHER-TIPP:

Quinoa zählt in Südamerika zu den Grundnahrungsmitteln. Das sogenannte Pseudogetreide zählt botanisch zu den Gänsefußgewächsen. Im Gegensatz zu „echtem" Getreide ist Quinoa glutenfrei. Die Anteile an essenziellen Aminosäuren und den Mineralstoffen Eisen und Kalzium machen die Körnchen zu einem echten Fitmacher. Quinoa kann süß und pikant zubereitet werden.

KIRSCH-MANGO-COUSCOUS-SALAT

BÜROTAUGLICH

1 Portion

Pro Portion:
E: 10 g, F: 10 g, Kh: 73 g,
kJ: 1774, kcal: 424, BE: 6,0

Zum Vorbereiten:
40 g Instant-Couscous
Wasser
Salz

Außerdem:
100 g Mangofruchtfleisch
  (vorbereitet gewogen)
1 TL Butter
1 TL brauner Zucker
etwas gem. Zimt
100 g abgetropfte Sauerkirschen
  (aus dem Glas)
50 g Vanilla-Quarkcreme
  (0,2 % Fett, aus dem Kühlregal)

Zubereitung:
15 Minuten, ohne Abkühlzeit

1 Zum Vorbereiten Couscous mit Wasser und Salz nach Packungsanleitung zubereiten und ausquellen lassen.

2 In der Zwischenzeit Mangofruchtfleisch in kleine Stücke schneiden.

3 Den gequollenen Couscous mit einer Gabel auflockern und etwas abkühlen lassen.

4 Butter in einer beschichteten Pfanne zerlassen. Couscous hinzugeben, unter Rühren anbraten und mit dem Zucker bestreuen. Die Zutaten unter Rühren kurz kross anrösten, 1 Prise Zimt unterrühren. Anschließend den Couscous auf einen Teller geben.

5 Zunächst die sehr gut abgetropften Sauerkirschen in ein Glas geben. Anschließend die vorbereiteten Mangostücke daraufschichten. Die Quarkcreme gut durchrühren, ebenfalls in das Glas schichten und glatt streichen. Anschließend den Salat mit dem gerösteten Couscous bestreuen und bis zum Verzehr zugedeckt in den Kühlschrank stellen.

Tipp: Statt der fertigen Vanilla-Quarkcreme können Sie auch mit Vanillemark oder Vanille aus der Mühle und zum Beispiel Honig oder Stevia abgeschmeckten Magerquark verwenden.

FITMACHER-TIPP:

Couscous ist eine Getreide-Spezialität aus der nordafrikanischen Küche. Der vorgegarte, zu feinem Grieß zerriebene Hartweizen kann wie hier süß, aber auch herzhaft zubereitet werden. Sie finden Instant-Couscous (muss nur noch kurz quellen) in Naturkostläden, Reformhäusern und gut sortierten Supermärkten.

CRUNCH-MÜSLI-WOCHENVORRAT

10 Portionen

Pro Portion:
E: 8 g, F: 9 g, Kh: 28 g,
kJ: 937, kcal: 223, BE: 2,5

Für das Crunch-Müsli:
25 g gehackte Mandeln oder
  Haselnusskerne
50 g Sonnenblumenkerne
25 g Kürbiskerne
50 g Leinsamen
50 g Sesamsamen
250 g 4-Korn-Flocken
  (z. B. aus Hafer, Dinkel,
  Gerste und Roggen)

Zum Karamellisieren:
75 ml Agavendicksaft

Außerdem:
50 g Rosinen

Zubereitungszeit:
etwa 30 Minuten, ohne Abkühlzeit

1 Mandeln oder Nusskerne mit Sonnenblumenkernen, Kürbiskernen, Leinsamen und Sesamsamen in einer großen Pfanne ohne Fett unter gelegentlichem Wenden bei mittlerer Hitze goldbraun rösten. Anschließend auf einen Teller geben und beiseitestellen.

2 Die 4-Korn-Flocken in die Pfanne geben und ebenso unter gelegentlichem Wenden rösten.

3 Die Nusskernmischung zurück zu den 4-Korn-Flocken in die Pfanne geben. Anschließend Agavendicksaft dazugeben und alles bei schwacher Hitze in 2–3 Minuten karamellisieren lassen, dabei gelegentlich umrühren. Die Pfanne von der Kochstelle nehmen. Das Müsli etwas abkühlen lassen.

4 Das Crunch-Müsli mit den Rosinen mischen und vollständig in der Pfanne erkalten lassen.

Tipps: Das Müsli bleibt schön crunchy, wenn Sie es in einer luftdicht verschlossenen Dose oder einem Glas trocken, kühl und dunkel aufbewahren. Sie können das Müsli auch im Backofen rösten: Dafür den Backofen vorheizen (Ober-/Unterhitze: etwa 180 °C, Umluft: etwa 160 °C). Die Nüsse, Kerne und Samen mit dem Agavendicksaft und etwa 75 ml Wasser vermischen und auf einem Backblech verteilen. Das Backblech in den vorgeheizten Backofen (Mitte) schieben und die Masse etwa 30 Minuten rösten. Dabei die Masse zwischendurch von außen nach innen 2–3-mal umrühren. **Wichtig:** Bei Ober-/Unterhitze muss die Backofentür einen Spalt breit offen bleiben, damit das Wasser entweichen kann! Das im Ofen zubereitete Müsli wird etwas dunkler als das aus der Pfanne. Zum Servieren für 1 Portion etwa 4 Esslöffel Crunch-Müsli mit 150 g Sojajoghurt oder 150 ml Sojamilch in einer Müslischale verrühren. Lecker schmecken auch Hafer-, Mandel- oder Reisdrinks. Oder einfach aus 200–250 g vorbereitetem, frischem Obst der Saison einen Obstsalat zubereiten und mit etwas Crunch-Müsli krönen.

FITMACHER-TIPP:

Sesamsamen versorgen uns mit einem Mix aus Kalzium, Magnesium, Eisen, Zink, Vitamin E und Folsäure.

BIRCHER-BENNER-MÜSLI

1 Portion

Pro Portion:
E: 10 g, F: 16 g, Kh: 58 g,
kJ: 1798, kcal: 428, BE: 5,0

3 geh. EL kernige Haferflocken
1 EL Rosinen
125 ml Mandeldrink
1 EL gehackte Walnusskernhälften
½ Apfel
1 kleine Orange
½ Banane

Außerdem:
2–3 TL Zitronensaft

Zubereitungszeit:
etwa 20 Minuten, ohne Quellzeit

1 Haferflocken, Rosinen und Mandeldrink in einer Schale verrühren und etwa 10 Minuten quellen lassen.

2 Inzwischen die Walnusskerne fein hacken, anschließend in einer Pfanne ohne Fett unter Wenden hellbraun rösten und auf einen Teller geben.

3 Den Apfel schälen und das Kerngehäuse entfernen. Den Apfel grob raspeln und sofort unter die Haferflockenmasse mischen.

4 Die Orange so schälen, dass die weiße Haut vollständig mitentfernt wird. Die Orange in Scheiben schneiden, diese nochmals halbieren oder vierteln. Die Banane schälen, in Scheiben schneiden und mit den Orangenscheiben unter das vorbereitete Müsli mischen.

5 Das Bircher-Benner-Müsli mit dem Zitronensaft abschmecken. Das Müsli in einem Schälchen anrichten und mit den Walnusskernen bestreuen.

Tipps: Statt Walnusskernen schmecken auch Haselnusskerne oder Mandeln im Müsli.
Nussallergiker können die Nüsse je nach Geschmack durch Kürbiskerne, Sonnenblumenkerne, Leinsamen oder Sesamsamen ersetzen. Wenn es nicht vegan sein muss, können Sie das Müsli auch mit Milch (1,5 % Fett) zubereiten.

FITMACHER-TIPP:

Der Mandeldrink ist ein rein pflanzlicher Kuhmilchersatz und schmeckt leicht nussig. Neben Vegetariern und Veganern ist der Drink auch für Lebensmittelallergiker interessant. Er enthält weder Gluten noch Laktose und ist eine gute Alternative für Menschen, die Soja nicht vertragen.

BEEREN-ANANAS-SALAT (im Foto hinten)

FRISCHEKICK

2 Portionen

Pro Portion:
E: 3 g, F: 1 g, Kh: 63 g,
kJ: 1208, kcal: 289, BE: 5,5

Saft von 1 Zitrone
1 gestr. EL flüssiger Honig
1 Msp. gem. Zimt
2 Bananen
200 g frisches Ananasfruchtfleisch
150 g TK-Beerencocktail
2 Vollkorn-Reiswaffeln

Zubereitungszeit:
10 Minuten, ohne Durchziehzeit

1 Zitronensaft mit Honig und Zimt glatt rühren. Bananen schälen, in dünne Scheiben schneiden und unterheben.

2 Das Ananasfruchtfleisch klein schneiden und mit den gefrorenen Beeren unterheben.

3 Den Salat mindestens 30 Minuten durchziehen lassen, dann durchrühren und mit den Reiswaffeln servieren.

EXOTISCHER OBSTSALAT (im Foto vorn)

SONNENGELB

2 Portionen

Pro Portion:
E: 4 g, F: 2 g, Kh: 39 g,
kJ: 817, kcal: 195, BE: 3,0

Saft von 1 Zitrone
1 gestr. EL flüssiger Honig
1 Msp. gem. Zimt
1 Mango (etwa 400 g)
1 Papaya (etwa 400 g)
2 Kaktusfeigen (etwa 250 g)
100 g Physalis (Kapstachelbeeren)

Zubereitungszeit:
10 Minuten, ohne Durchziehzeit

1 Zitronensaft mit Honig und Zimt glatt rühren. Mangofruchtfleisch vom Stein schneiden, schälen, in Spalten schneiden, mit 2 Esslöffeln der Zitronensaftmischung beträufeln. Papaya halbieren, entkernen, schälen und in Spalten schneiden.

2 Von den Kaktusfeigen jeweils die Enden abschneiden. Schale vorsichtig abziehen. Die Kaktusfeigen in Scheiben schneiden. Physalis aus der Hülle lösen, abspülen, trocken tupfen und nach Belieben halbieren. Früchte in 2 Schälchen anrichten, mit der restlichen Zitronensaftmischung beträufeln.

FITMACHER-TIPP:

Honig wird häufig als gesunde Alternative zu Zucker angepriesen. Das ist leider nicht richtig. Honig sollte genauso sparsam eingesetzt werden. Er hat viele Kalorien und kann ebenso Karies verursachen. Allerdings schafft er Linderung bei Heiserkeit und Husten. Einfach 1 Teelöffel Honig langsam auf der Zunge zergehen lassen.

ZWIEBACK-NUSS-CRUMBLE

4 Portionen

Pro Stück:
E: 7 g, F: 5 g, Kh: 21 g,
kJ: 720, kcal: 171, BE: 2,0

Zum Vorbereiten:
20 g Nussmix (z. B. Erdnusskerne,
  Cashewkerne und Mandelkerne)
200 g frisches Obst der Saison
  (z. B. Erdbeeren, Johannisbeeren,
  Heidelbeeren)

Für die Vanillecreme:
300 g Seidentofu
½ TL Vanille-Extrakt-Pulver
2–3 EL Zitronensaft
3–4 EL Apfelsüße
  (aus dem Reformhaus)

Außerdem:
30 g veganer Vollkorn-Zwieback
  (z. B. Vollkorn-Dinkel-Zwieback)

Zubereitungszeit:
15 Minuten, ohne Kühlzeit

1 Zum Vorbereiten die Nüsse in grobe Stückchen hacken. Anschließend in einer Pfanne ohne Fett unter Wenden goldbraun rösten, auf einen Teller geben und erkalten lassen.

2 In der Zwischenzeit das Obst evtl. verlesen, putzen, abspülen, trocken tupfen und je nach Obstsorte in mundgerechte Stücke schneiden.

3 Für die Vanillecreme Tofu abtropfen lassen und in einen hohen Rührbecher geben. Vanille-Extrakt-Pulver, Zitronensaft und Apfelsüße hinzufügen. Die Zutaten mit einem Pürierstab zu einer feinen Creme pürieren. Die Creme nach Belieben nochmals mit Zitronensaft und Apfelsüße abschmecken.

4 Zwieback in feine Stücke zerbröseln. Das Obst, die Vanillecreme und die Zwiebackbrösel in 2 Dessertgläser schichten. Die Crumbles etwa 15 Minuten in den Kühlschrank stellen.

5 Zum Servieren die Crumbles mit den vorbereiteten, gerösteten Nüssen bestreuen.

Tipps: Sie können Ihr Frühstück bereits am Vorabend zubereiten und im Kühlschrank aufbewahren. Aromatisieren Sie die Vanillecreme zusätzlich mit 1 Prise gemahlenem Zimt.

FITMACHER-TIPP:

Zwieback wird, wie der Name schon verrät, zweimal gebacken bzw. geröstet und ist dadurch sehr lange haltbar. Zudem ist Zwieback sehr bekömmlich.

DINKEL-FRUCHT-MÜSLI (im Foto hinten)

4 Portionen

Pro Portion:
E: 8 g, F: 2 g, Kh: 40 g,
kJ: 937, kcal: 224, BE: 3,5

100 g Dinkelkörner
1 Bio-Apfel (etwa 150 g)
einige Tropfen Zitronensaft
400 g Obst der Saison
je 150 g Sojajoghurt mit Zitrone
und Sojajoghurt natur
2 EL Ahornsirup

Zubereitungszeit:
40 Minuten, ohne Einweichzeit
Keimzeit: 3 Tage

1 Zum Vorbereiten Dinkelkörner einige Stunden in kaltem Wasser einweichen und dann in einem Keimgefäß etwa 3 Tage keimen lassen, dabei jeden Tag zweimal gut durchspülen. Gekeimte Körner in 4 Schälchen verteilen.

2 Apfel heiß abwaschen, abtrocknen, achteln und entkernen. Apfelspalten mit Zitronensaft beträufeln.

3 Beliebiges Obst putzen, abspülen, trocken tupfen, klein schneiden und mit den Apfelspalten in den Schälchen verteilen. Beide Sorten Joghurt gut verrühren, mit dem Müsli anrichten und mit Ahornsirup beträufeln.

HIMBEERMÜSLI MIT HIRSEFLOCKEN
(im Foto vorn)

1 Portion

Pro Portion:
E: 14 g, F: 18 g, Kh: 40 g,
kJ: 1644, kcal: 393, BE: 3,5

150 g Himbeeren
150 g Sojajoghurt, natur
2–3 TL Apfeldicksaft
1 EL gehobelte Haselnusskerne
2 EL Hirseflocken

Zubereitungszeit:
5 Minuten

1 Die Himbeeren verlesen, evtl. kurz abspülen und trocken tupfen. Anschließend Sojajoghurt mit Apfeldicksaft vermischen, mit den Himbeeren in ein Glas schichten und mit Haselnusskernen und Hirseflocken bestreuen.

FITMACHER-TIPP:

Hirseflocken aus Vollkorngetreide sind gute Kohlenhydratlieferanten und machen satt. Je nach Anbaubedingungen (Klima, Boden usw.) kann – muss aber nicht – Hirse sehr eisenreich sein. Ihr Siliziumgehalt ist gut für Haut und Haar. Hirse enthält kein Gluten und ist daher besonders für Allergiker interessant.

NUSS-PORRIDGE MIT BEEREN

GENUSS ZUM LÖFFELN

2 Portionen

Pro Portion:
E: 13 g, F: 9 g, Kh: 42 g,
kJ: 1296, kcal: 308, BE: 3,5

Für den Nuss-Porridge:
2 TL gehackte Haselnusskerne
60 g kernige Haferflocken
400 ml Milch (1,5 % Fett)
2–4 TL Agavendicksaft oder
   flüssiger Honig

Außerdem:
200–300 g frische Beeren
   der Saison (z. B. Erdbeeren,
   Himbeeren, Heidelbeeren –
   ersatzweise TK-Beeren)
1 Prise gem. Zimt

Zubereitungszeit:
10 Minuten

1 Für den Nuss-Porridge Haselnusskerne und Haferflocken in einem beschichteten Topf bei mittlerer Hitze ohne Fett unter Wenden anrösten, bis die Nüsse anfangen zu duften.

2 Anschließend die Milch vorsichtig hinzugießen und zum Kochen bringen. Agavendicksaft oder Honig unterrühren. Die Masse etwa 5 Minuten bei schwacher Hitze unter gelegentlichem Rühren ausquellen lassen.

3 In der Zwischenzeit Beeren verlesen, evtl. putzen, kurz abspülen und gut abtropfen lassen. Beeren entstielen, Erdbeeren je nach Größe halbieren oder vierteln.

4 Nuss-Porridge nach Belieben noch mit etwas Agavendicksaft oder Honig und 1 Prise Zimt abschmecken und mit den vorbereiteten Beeren anrichten.

Tipp: Der Porridge schmeckt auch mit anderen gehackten Nüssen sehr lecker, zum Beispiel mit Walnusskernen oder Macadamianusskernen. Statt Beeren schmecken auch Äpfel, Birnen oder Bananen zum Nuss-Porridge.

FITMACHER-TIPP:

Zum kalorienärmeren Süßen können Sie statt Agavendicksaft oder Honig auch Stevia verwenden. Stevia ist ein aus dem südamerikanischen Süßkraut (auch Honigkraut genannt) gewonnener Pflanzenextrakt, der eine bis zu 30-fach höhere Süßkraft als Zucker hat und praktisch keine Kalorien enthält. Als Süßungsmittel sind Steviaprodukte (zum Beispiel Streu-Süße) bei uns in Reformhäusern, Drogerien und gut sortierten Supermärkten erhältlich. Aufgrund der hohen Süßkraft von Steviaprodukten sollten Sie unbedingt die Dosierungsanleitung auf der Packung beachten!

APFELREIS (ohne Foto)

4 Portionen

Pro Portion:
E: 3 g, F: 1 g, Kh: 57 g,
kJ: 1035, kcal: 247, BE: 4,5

750 ml Wasser, 50 g Zucker
Schale und Saft von 1 Bio-Zitrone
  (unbehandelt, ungewachst), Salz
450 g Bio-Äpfel
150 g Milchreis (Rundkornreis)
etwas Zucker
etwas gem. Zimt

Zubereitungszeit: 30 Minuten

1 Wasser mit der Hälfte des Zuckers und der Zitronenschale in einem Topf zum Kochen bringen, 1 Prise Salz hinzufügen.

2 Äpfel heiß abwaschen, abtrocknen, vierteln und entkernen. Ein Apfelviertel mit 1 Teelöffel Zitronensaft beträufeln und zum Garnieren beiseitelegen. Restliche Apfelviertel schälen, in Stücke schneiden und mit dem Reis ins kochende Wasser geben, unter Rühren wieder zum Kochen bringen und zugedeckt nach Packungsanleitung bei schwacher Hitze quellen lassen.

3 Apfelreis mit Zucker abschmecken. Beiseitegelegtes Apfelviertel mit der Schale in dünne Scheiben schneiden. Apfelreis mit Apfelscheiben anrichten. Restlichen Zucker mit Zimt mischen und den Apfelreis damit bestreuen.

SÜßE PAUSE

2 Portionen

Pro Portion:
E: 5 g, F: 2 g, Kh: 81 g,
kJ: 1543, kcal: 368, BE: 7,0

100 g Milchreis (Rundkornreis)
300 ml Reisdrink, natur
1 Msp. Dr. Oetker Finesse
  Geriebene Zitronenschale
etwas gem. Zimt
100 ml Apfelsaft
250 g Obst der Saison (abgespült
  und mundgerecht geschnitten)
2–3 TL Granatapfelsirup oder
  Holunderblütensirup

Zubereitungszeit: 15 Minuten,
ohne Quell- und Abkühlzeit

1 Den Milchreis mit dem Reisdrink, der Zitronenschale und 1 Messerspitze Zimt in einem Topf zum Kochen bringen, zugedeckt etwa 45 Minuten bei schwacher Hitze quellen lassen. Reis etwas abkühlen lassen.

2 Apfelsaft unter den Reis rühren. Den Reis erkalten lassen, dann mit dem vorbereiteten Obst mischen. Den Sirup daraufgeben und nach Belieben mit etwas Zimt bestäuben.

FITMACHER-TIPP:

Reis ist reich an sättigenden Kohlenhydraten, dabei fettarm und leicht verträglich. Milchreis (Rundkornreis) gibt beim Ausquellen viel Stärke ab und wird sehr weich und breiig. Er wird fast ausschließlich für die Zubereitung von Süßspeisen verwendet.

GRAUPEN-DICKMILCH-KALTSCHALE
MIT AMARETTINI-NUSS-CRUNCH

2 Portionen

Pro Portion:
E: 11 g, F: 9 g, Kh: 40 g,
kJ: 1236, kcal: 295, BE: 3,5

Für die Graupen-Dickmilch-Kaltschale:
200 ml Apfelsaft
½ TL flüssiger Honig
25 g mittelgroße Graupen

Für den Amarettini-Nuss-Crunch:
15 g Nussmix (z. B. Mandelkerne,
 Walnusskerne, Haselnusskerne
 und Cashewkerne)
6 kleine Amarettini
 (ital. Mandelmakronen – etwa 6 g)
1 Prise gem. Zimt

Außerdem:
1 säuerlicher Apfel
1 EL Zitronensaft
400–500 ml gut gekühlte Dickmilch
 (1,5 % Fett)

Zubereitungszeit:
10 Minuten
Garzeit (Graupen):
etwa 30 Minuten

1 Für die Graupen-Dickmilch-Kaltschale Apfelsaft und Honig in einem Topf erwärmen. Die Graupen hinzufügen und darin zugedeckt bei schwacher Hitze etwa 30 Minuten quellen lassen.

2 In der Zwischenzeit für den Amarettini-Nuss-Crunch Nussmix in grobe Stücke hacken und anschließend in einer Pfanne ohne Fett unter Wenden goldbraun rösten. Amarettini grob zerbröseln und mit dem Zimt zu den Nüssen geben. Den Crunch auf einem Teller erkalten lassen.

3 Inzwischen den Apfel schälen, vierteln und das Kerngehäuse entfernen. Apfelviertel in kleine Stücke oder Spalten schneiden und etwa 6 Minuten vor Garzeitende mit dem Zitronensaft unter die Graupen mischen und mitgaren.

4 Die Dickmilch in 2 Schalen oder tiefen Tellern verteilen. Die Apfel-Graupen daraufgeben. Die Graupen-Dickmilch-Kaltschale mit dem Amarettini-Nuss-Crunch bestreuen.

Tipps: Die Graupen können Sie bereits am Vortag zubereiten und kalt mit der Dickmilch servieren. Statt Apfelsaft können Sie die Graupen auch in Sauerkirschsaft, Aprikosensaft oder in Cranberrysaft garen.

FITMACHER-TIPP:

Dickmilch schmeckt leicht säuerlich und ist im Grunde nichts anderes als dick gewordene Milch. Sie punktet vor allem mit Kalzium und Proteinen.

GEMIXT & GESHAKT

Echt quick und echt chic!
Powercocktails in Form von Smoothies,
Shakes und Lassis entstehen blitzschnell
im Mixer oder mit dem Pürierstab.
Die idealen Nährstofflieferanten für alle,
die morgens Flüssignahrung bevorzugen.

BIRNEN-KEFIR-MIX (im Foto links)

MIT HIMBEEREN

1 Portion

Pro Portion:
E: 6 g, F: 2 g, Kh: 31 g,
kJ: 748, kcal: 179, BE: 2,5

25 g Himbeeren
120 g abgetropfte Birnenhälften
  (natursüß, aus der Dose)
etwas Birnensaft
  (natursüß, aus der Dose)
125 ml fettarmer Kefir

Zubereitungszeit: 5 Minuten

1 Die Himbeeren verlesen, evtl. kurz abspülen und sehr gut trocken tupfen. Von den Birnenhälften den Saft auffangen. Birnenhälften klein schneiden, mit Himbeeren und Kefir in einen hohen Rührbecher oder einen Mixer geben.

2 Die Zutaten mit einem Pürierstab oder im Mixer fein pürieren bzw. mixen. Dabei nach und nach so viel Birnensaft hinzugeben, dass der Birnen-Kefir-Mix dickflüssig ist. Den Drink sofort servieren.

FRÜHSTÜCKS-LASSI (im Foto rechts)

MIT GURKE UND MINZE

2 Portionen

Pro Portion:
E: 4 g, F: 3 g, Kh: 32 g,
kJ: 746, kcal: 178, BE: 2,5

150 g Melonenfruchtfleisch (vorbereitet gewogen, z. B. Galiamelone)
100 g Bio-Salatgurke
3 Stängel frische Minze

200 ml frisch gepresster Orangensaft (von 2–3 Orangen)
100 g Joghurt (0,1 % Fett, gut gekühlt)
1 EL Honig
1 EL Hafer-Schmelzflocken
1 TL kalt gepresstes Distelöl

Zubereitungszeit: 5 Minuten

1 Das Melonenfruchtfleisch fein schneiden und in einen hohen Rührbecher oder einen Mixer geben. Gurke heiß abwaschen, abtrocknen, mit der Schale ebenfalls fein schneiden und zur Melone geben. Minze abspülen und trocken tupfen. Die Blättchen von den Stängeln zupfen und grob hacken.

2 Orangensaft in den Rührbecher bzw. Mixer geben. Die Zutaten mit einem Pürierstab oder im Mixer fein pürieren bzw. mixen. Dabei die Minze nach und nach hinzufügen. Anschließend Joghurt, Honig, Schmelzflocken und Distelöl unterpürieren bzw. -mixen. Frühstücks-Lassi sofort servieren.

FITMACHER-TIPP:

Kefir gilt als sehr bekömmlich. Das Sauermilchgetränk wird aus Vollmilch, fettarmer Milch oder Magermilch hergestellt. Spezielle Kefir-Kulturen sorgen für einen prickelnden, angenehm erfrischenden Geschmack.

GURKEN-SELLERIE-SMOOTHIE (im Foto mittig)

GREEN POWER

2 Portionen

Pro Portion:
E: 4 g, F: 6 g, Kh: 18 g,
kJ: 620, kcal: 147, BE: 1,0

1 Salatgurke
1 Stange Staudensellerie mit Grün
  (etwa 100 g)
5 Stängel glatte Petersilie
100 g griechischer Sahnejoghurt
30 g Amaranth-Pops (erhältlich in
  Reformhäusern oder Drogerien)
Meersalz, gem. Pfeffer, ½ TL gem.
  Koriander

Zubereitungszeit: 15 Minuten

1 Von der Gurke die Enden abschneiden, Gurke schälen. Sellerie mit dem Grün putzen, abspülen, abtropfen lassen. Petersilie abspülen, trocken tupfen. Blättchen von den Stängeln zupfen. Gurke, Sellerie und Petersilie grob schneiden, mit den restlichen Zutaten in einem Mixer fein pürieren.

Tipp: Für 2 Portionen Melonen-Smoothie (im Foto rechts) 1 orangefarbene Netzmelone halbieren, entkernen, schälen. 2 Bananen schälen. Früchte klein schneiden, mit 1 Teelöffel Zitronensaft, 3 Esslöffeln flüssigem Honig, 50 g Joghurt (3,5 % Fett), 150 ml Milch (1,5 % Fett) und 100 ml Apfelsaft in einem Mixer fein pürieren. (Pro Portion: E: 6 g, F: 6 g, Kh: 70 g, kJ: 1522, kcal: 364, BE: 6,0)

HIMBEER-BUTTERMILCH-SMOOTHIE (im Foto links)

SÜßER START

2 Portionen

Pro Portion:
E: 4 g, F: 3 g, Kh: 40 g, kJ: 917,
  kcal: 219, BE: 3,5

150 g Himbeeren
150 g Buttermilch
2 EL Zucker
2 EL Zitronensaft
250 ml Himbeersorbet

Zubereitungszeit: 5 Minuten

1 Die Himbeeren verlesen, evtl. kurz abspülen und dann sehr gut trocken tupfen.

2 Die Himbeeren mit der Buttermilch, dem Zucker, Zitronensaft und dem Himbeersorbet in einen Mixer geben.

3 Alle Zutaten in einen Mixer geben und kurz pürieren.

FITMACHER-TIPP:

Buttermilch ist ein recht kalorien- und sehr fettarmer Durstlöscher. Die „saure" Milch liefert hochwertiges Milcheiweiß und Kalzium.

PAPRIKA-MANDELMILCH-SMOOTHIE

2 Portionen

Pro Portion:
E: 3 g, F: 3 g, Kh: 13 g,
kJ: 373, kcal: 89, BE: 1,0

1 rote Paprikaschote
2 Tomaten
200 ml Mandeldrink
Salz, gem. Pfeffer
getrocknete, italienische Kräuter

Zubereitungszeit: 10 Minuten

1 Paprikaschote vierteln, entstielen, entkernen und die weißen Scheidewände entfernen. Schoten abspülen und trocken tupfen. Tomaten abspülen, abtrocknen, vierteln und die Stängelansätze herausschneiden.

2 Paprika und Tomaten mit Mandeldrink, Salz, Pfeffer und Kräutern in einem hohen Rührbecher mit einem Pürierstab oder im Mixer kurz pürieren. Smoothie sofort servieren.

MÖHRENDRINK (ohne Foto)

2 Portionen

Pro Portion:
E: 2 g, F: 1 g, Kh: 18 g,
kJ: 390, kcal: 93, BE: 1,5

300 g Möhren
½ rote Paprikaschote
Saft von ½ Zitrone
Saft von 2 Orangen
Salz, gem. Pfeffer
Selleriesalz

Zubereitungszeit: 15 Minuten

1 Möhren putzen, schälen, abspülen und abtropfen lassen. Paprikaschotenhälfte entstielen, entkernen und die weißen Scheidewände entfernen. Schote abspülen und trocken tupfen. Möhren und Paprika klein schneiden und in einem hohen Rührbecher mit einem Pürierstab oder im Mixer pürieren. Zitronen- und Orangensaft untermixen, mit Salz, Pfeffer und Selleriesalz würzen. Den Möhrendrink sofort servieren.

FITMACHER-TIPP:

Paprikaschoten haben weder viele Kalorien noch viel Fett. Ihr Vitamin-C-Gehalt ist relativ hoch, sie punkten zudem mit den Mineralstoffen Kalium und Eisen. Früher wurden bei Tests häufig Rückstände von Pflanzenbehandlungsmitteln gefunden bzw. die Grenzwerte überschritten. In den letzten Jahren ist das erfreulicherweise immer seltener der Fall.

DETOX-DRINK (im Foto links)

FÜR KÖRPER & SEELE

2 Portionen

Pro Portion
E: 4 g, F: 17 g, Kh: 27 g,
kJ: 1243, kcal: 297, BE: 2,0

3–4 Stängel Minze
2 Bio-Limetten
  (unbehandelt, ungewachst)
50 g zarter, grüner Blattsalat
  (vorbereitet gewogen)
140 g Avocadofruchtfleisch
  (vorbereitet gewogen)
200 g grünes Zuckermelonenfrucht-
  fleisch (vorbereitet gewogen)
200 ml Orangensaft
1 TL flüssiger Honig

Zubereitungszeit: 5 Minuten

1 Minze abspülen, trocken tupfen und die Blättchen von den Stängeln zupfen. Limetten halbieren, den Saft auspressen und mit der Minze in einen Mixer oder hohen Rührbecher geben.

2 Salat putzen, abspülen, trocken tupfen und grob in Stücke zupfen. Avocado- und Melonenfruchtfleisch mit Orangensaft und Honig in den Mixer bzw. Rührbecher geben.

3 Die Zutaten im Mixer oder mit einem Pürierstab fein mixen bzw. pürieren. Salat nach und nach dazugeben. Den Drink in vorgekühlten Gläsern sofort genießen.

BLITZ-MIX (im Foto rechts)

SPINAT-POWER

2 Portionen

Pro Portion:
E: 4 g, F: 3 g, Kh: 31 g,
kJ: 789, kcal: 189, BE: 2,5

50 g junger, zarter Blattspinat
  (vorbereitet gewogen)
2 Kiwis (etwa 190 g)
275 ml Mandeldrink
1 EL Haferkleie
1 EL Hafer-Schmelzflocken
1 saftiger, säuerlicher Apfel
  (vorbereitet gewogen 75 g)
2 EL Zitronensaft, 1 EL Honig

Zubereitungszeit: 5 Minuten

1 Spinat verlesen, evtl. grobe Blattstiele entfernen. Spinat abspülen und sehr gut ausdrücken. Kiwis schälen, grob schneiden und in einen Mixer oder hohen Rührbecher geben. Sehr gut gekühlten Mandeldrink, Kleie und Schmelzflocken hinzufügen.

2 Den Apfel heiß abwaschen, abtrocknen, vierteln und entkernen. Apfelviertel fein würfeln, mit Zitronensaft und Honig zu den restlichen Zutaten geben. Die Zutaten im Mixer oder mit einem Pürierstab fein mixen bzw. pürieren. Den Spinat nach und nach dazugeben. Blitz-Mix in vorgekühlten Gläsern sofort servieren.

FITMACHER-TIPP:

Spinat ist sehr kalorienarm – nur etwa 15 kcal pro 100 g – da er zu über 90 Prozent aus Wasser besteht. Dabei ist Spinat sehr mineralstoffreich und enthält neben wichtigen Vitaminen wie Folsäure, Vitamin C und B auch noch Kalium, Kalzium und Eisen.

FRUCHTMILCH

BLITZSTART

1 Portion

Pro Portion:
E: 11 g, F: 5 g, Kh: 29 g,
kJ: 896, kcal: 215, BE: 2,5

½ Banane (etwa 50 g Fruchtfleisch)
150 g Himbeeren
250 ml kalte Milch (1,5 % Fett)

Zubereitungszeit: 10 Minuten

1 Die Banane schälen und in Stücke schneiden. Himbeeren verlesen, evtl. kurz abspülen und trocken tupfen.

2 Bananenstücke und Himbeeren in einen hohen Rührbecher geben und mit einem Pürierstab pürieren. Nach und nach die gekühlte Milch hinzugießen. Die Zutaten mit dem Pürierstab nochmals kräftig durchschlagen.

HAPPY BEE (ohne Foto)

FÜR KINDER

1 Portion

Pro Portion:
E: 3 g, F: 0 g, Kh: 23 g,
kJ: 503, kcal: 119, BE: 2,0

50 g Himbeeren
70 ml gut gekühlte Orangen-
 Buttermilch
100 ml gut gekühlter
 Maracujanektar

1 Himbeeren verlesen, evtl. kurz abspülen und trocken tupfen. Himbeeren mit der Orangen-Buttermilch in einen hohen Rührbecher geben und mit einem Pürierstab pürieren. Maracujanektar kurz unterrühren. Den Drink nach Belieben durch ein Sieb in ein Glas streichen.

Tipp: Der Drink schmeckt auch mit Zitronen-Buttermilch.

FITMACHER-TIPP:

Himbeeren schmecken am besten, wenn sie Saison haben – etwa von Juni bis August. 100 g Himbeeren decken mit etwa 28 mg Vitamin C ein Viertel des Tagesbedarfs eines Erwachsenen. Mineralstoffe und Spurenelemente wie Eisen, Kalzium, Kalium und Magnesium stecken ebenfalls in den kleinen Beeren. Nach Möglichkeit sollten die empfindlichen Früchte nicht gewaschen, sondern nur sorgfältig verlesen werden, denn sie können leicht beschädigt werden. Beim Waschen verlieren sie zudem Saft. Himbeeren lassen sich sehr gut auch tiefgekühlt verwenden und sind in guter Qualität erhältlich.

BREAKFAST-SMOOTHIE (im Foto vorn)

AUCH FÜR ZWISCHENDURCH

1 Portion

Pro Portion:
E: 12 g, F: 1 g, Kh: 55 g,
kJ: 1180, kcal: 279, BE: 4,5

½ Pfirsich (etwa 60 g)
½ Banane (etwa 75 g)
150 g Vanillejoghurt (0,1 % Fett)
100 ml Orangensaft
1 EL kernige Haferflocken

Zubereitungszeit: 10 Minuten

1 Pfirsich abspülen, abtrocknen und entsteinen. Banane schälen. Pfirsich und Banane in Stücke schneiden, mit Joghurt und Orangensaft in einem hohen Rührbecher mit einem Pürierstab pürieren. Die Haferflocken unterrühren. Den Breakfast-Smoothie nach Belieben vor dem Servieren einige Zeit zugedeckt in den Kühlschrank stellen.

Tipp: Wenn Sie die Haferflocken lieber etwas kerniger mögen, dann streuen Sie sie erst kurz vor dem Servieren auf den Smoothie.

ORANGEN-SMOOTHIE MIT INGWER (im Foto hinten)

VEGAN

1 Portion

Pro Portion:
E: 7 g, F: 3 g, Kh: 30 g,
kJ: 748, kcal: 178, BE: 2,5

1 große Orange (etwa 200 g)
½ Banane (etwa 75 g)
15 g frischer Ingwer
100–150 ml Sojamilch

Zubereitungszeit: 15 Minuten

1 Die Orange so schälen, dass die weiße Haut mitentfernt wird. Orange in Scheiben schneiden. Banane schälen und in Stücke schneiden. Ingwer schälen und sehr klein schneiden.

2 Orangenscheiben, Bananen- und Ingwerstücke mit der Sojamilch in einen hohen Rührbecher geben und mit einem Pürierstab pürieren. Den Orangen-Smoothie nach Belieben vor dem Servieren einige Zeit zugedeckt in den Kühlschrank stellen.

FITMACHER-TIPP:

Bananen sind echte Powerpakete. Sie liefern B-Vitamine, Vitamin C, viel Kalium und Magnesium. Allerdings enthalten sie auch relativ viele Kohlenhydrate – je reifer, desto mehr. Wer plötzlich Lust auf Süßes verspürt, für den sind die gelben Früchte eine ideale sättigende Zwischenmahlzeit.

HEIßE GEWÜRZMILCH

FEIN & EDEL

2 Portionen

Pro Portion:
E: 9 g, F: 9 g, Kh: 13 g,
kJ: 717, kcal: 171, BE: 1,0

4 grüne Kardamomkapseln
3 Gewürznelken
8 schwarze Pfefferkörner
½ l Milch (3,5 % Fett)
1 Döschen (0,1 g) Safran
Mark von ½ Vanilleschote
1 TL fein abgeriebene Schale von
  1 Bio-Orange (unbehandelt,
  ungewachst)
1 TL gem. Zimt

Zubereitungszeit:
15 Minuten, ohne Ziehzeit

1 Kardamomsamen aus den Kapseln lösen, mit Nelken und Pfeffer im Mörser zerstoßen. Anschließend mit den restlichen Zutaten in einen Topf geben.

2 Die Milch bei schwacher Hitze zum Kochen bringen. Den Topf von der Kochstelle nehmen, mit dem Deckel verschließen. Die Gewürze etwa 5 Minuten in der Milch ziehen lassen. Gewürzmilch durch ein feines Sieb in Gläser gießen und heiß servieren.

HAVANNA-MOON-CHILI-FLIP (ohne Foto)

 VEGAN

2 Portionen

Pro Portion:
E: 2 g, F: 7 g, Kh: 20 g,
kJ: 658, kcal: 157, BE: 1,5

¼ rote Chilischote
¼ Papaya (etwa 75 g)
¼ Avocado (etwa 75 g, ohne Stein)
1 kleine Banane (etwa 75 g)
300 ml Orangensaft
2 EL Limettensaft
200 ml Mineralwasser
  mit Kohlensäure, evtl. Eiswürfel

Zubereitungszeit: 15 Minuten

1 Chili abspülen, trocken tupfen, entstielen, vierteln und fein schneiden. Papaya längs vierteln und die Kerne herausschaben. Papayaviertel schälen. Avocadofruchtfleisch mit einem Esslöffel aus der Schale lösen. Banane schälen.

2 Die vorbereiteten Früchte in grobe Stücke schneiden und in einen hohen Rührbecher oder einen Mixer geben. Chili, Orangen-, Limettensaft und Mineralwasser hinzugeben. Die Zutaten mit einem Pürierstab oder im Mixer fein pürieren. Havanna-Moon-Chili-Flip nach Belieben auf Eiswürfeln servieren.

FITMACHER-TIPP:

Die Avocado ist aufgrund ihres hohen Fettanteils (etwa 23 g pro 100 g) sehr sättigend. Das Avocado-Fett enthält viele einfach gesättigte Fettsäuren. Das sahnig-milde Fruchtfleisch punktet mit Vitaminen und Mineralstoffen.

ERDBEER-HIMBEER-SMOOTHIE (im Foto rechts)

VERY BERRY

1 Portion

Pro Portion:
E: 6 g, F: 4 g, Kh: 14 g,
kJ: 555, kcal: 133, BE: 1,0

50 g Erdbeeren
100 g Himbeeren
50 g Joghurt (3,5 % Fett)
50 ml Milch (3,5 % Fett)
50 ml Zitronensaft

evtl. 2–3 Himbeeren
etwas gem. Zimt

Zubereitungszeit: 15 Minuten

1 Erdbeeren abspülen, trocken tupfen, entstielen und klein schneiden. Anschließend die Himbeeren verlesen, evtl. kurz abspülen und gut abtropfen lassen.

2 Erdbeerstücke und Himbeeren mit Joghurt, Milch und Zitronensaft in einem hohen Rührbecher mit einem Pürierstab pürieren. Smoothie nach Belieben einige Zeit zugedeckt in den Kühlschrank stellen, dann in ein Glas füllen, nach Belieben mit einigen Himbeeren garnieren und mit Zimt bestäuben.

Tipp: Durch die Säure des Zitronensaftes kann es passieren, dass die Milch gerinnt. Achten Sie deshalb darauf, dass die Milch gut gekühlt ist oder verwenden Sie Sojamilch.

ERDBEER-MINZ-SMOOTHIE (im Foto links)

FRISCHEKICK

1 Portion

Pro Portion:
E: 3 g, F: 2 g, Kh: 15 g,
kJ: 393, kcal: 93, BE: 1,0

4–5 Stängel Minze
150 g Erdbeeren
30 g Joghurt (3,5 % Fett)
1 TL flüssiger Honig
20–30 ml Limettensaft

Zubereitungszeit: 15 Minuten

1 Die Minze abspülen und trocken tupfen. Blättchen von den Stängeln zupfen und klein schneiden. Erdbeeren abspülen, trocken tupfen, entstielen und klein schneiden.

2 Minze, Erdbeeren, Joghurt, Honig und Limettensaft in einem hohen Rührbecher mit einem Pürierstab pürieren. Smoothie nach Belieben einige Zeit zugedeckt in den Kühlschrank stellen.

FITMACHER-TIPP:

Die in Joghurt enthaltenen Milchsäurebakterien sollen die Verdauung fördern, allerdings nur dann, wenn er regelmäßig auf dem Speiseplan steht. Zu empfehlen ist naturbelassener Joghurt ohne Zusätze.

ENTSCHLACKUNGS-DRINK (im Foto links)

VITAMIN-KICK

2 Portionen

Pro Stück:
E: 2 g, F: 3 g, Kh: 22 g,
kJ: 547, kcal: 131, BE: 2,0

1–2 Zitronen
2 kleine, zarte Stangen Staudensellerie (80 g)
4–5 Stängel glatte Petersilie
1 TL helle Sesampaste
100 ml Möhrensaft
  (mit Honig gesüßt)
250 ml Apfel-Direktsaft

Zubereitungszeit: 5 Minuten

1 Zitronen halbieren, 5 Esslöffel Saft auspressen, in einen hohen Rührbecher oder in einen Mixer geben. Sellerie putzen und die harten Außenfäden abziehen. Sellerie abspülen, abtropfen lassen, fein schneiden und zum Zitronensaft geben. Petersilie abspülen und trocken tupfen. Die Blättchen von den Stängeln zupfen, mit der Sesampaste in den Rührbecher bzw. Mixer geben. Möhren- und Apfelsaft dazugießen. Die Zutaten mit einem Pürierstab oder im Mixer fein pürieren bzw. mixen.

Tipp: Möhren, Sellerie und Äpfel mit einem Entsafter selbst entsaften und sofort mit den anderen Zutaten gemixt servieren.

GREEN SUMMER SMOOTHIE (im Foto rechts)

VEGAN

2 Portionen

Pro Stück:
E: 4 g, F: 1 g, Kh: 38 g,
kJ: 814, kcal: 195, BE: 3,0

2 reife, saftige Birnen
  (etwa 450 g, z. B. Abate Fetel)
4–6 EL Zitronensaft
1 Stück frischer Ingwer (etwa 8 g)
200 ml Apfel-Direktsaft (naturtrüb)
2–3 Stängel frischer Dill
50 g grüner Blattsalat
  (z. B. Kopfsalat)
75 g feine grüne Erbsen
  (frisch oder TK, aufgetaut)

Zubereitungszeit: 5 Minuten

1 Birnen schälen, vierteln, entkernen, fein würfeln und mit dem Zitronensaft in einen hohen Rührbecher oder einen Mixer geben. Ingwer schälen und dazureiben. Apfelsaft dazugießen. Die Zutaten mit einem Pürierstab oder im Mixer fein pürieren bzw. mixen.

2 Dill und Salatblätter abspülen, trocken tupfen. Evtl. dicke Blattrippen aus den Blättern schneiden. Salat grob zupfen, mit dem Dill in den Rührbecher oder Mixer geben und unterpürieren bzw. -mixen. Erbsen nach und nach gründlich untermixen. Smoothie nach Belieben mit Zitronensaft und noch etwas frisch geriebenem Ingwer pikant abschmecken.

FITMACHER-TIPP:

Erbsen zählen zu den eiweißreichsten Gemüsearten und verfügen über einen beträchtlichen Gehalt an Vitamin B_1.

DETOX START-UP (im Foto recht)

KNALLROTE POWER

2 Portionen

Pro Portion:
E: 3 g, F: 2 g, Kh: 34 g,
kJ: 770, kcal: 184, BE: 3,0

1 kleine Fenchelknolle (200 g)
1 TL Walnussöl
1 Stück frischer Ingwer (etwa 3 cm)
1 EL Honig, 1 TL Wasser
6 mittelgroße Blutorangen
120 g Rote Bete
 (vorgegart, vakuumverpackt)
4 EL Zitronensaft
1–2 TL Apfelsüße

Zubereitungszeit: 10 Minuten
Garzeit (Fenchel): 8–10 Minuten

1 Fenchel putzen, abspülen, abtropfen lassen, halbieren, Strunkansatz entfernen. Fenchel klein schneiden, Fenchelgrün beiseitelegen. Öl in einem Topf erhitzen, Fenchel darin andünsten. Ingwer schälen und dazureiben. Honig und Wasser einrühren, zugedeckt bei schwacher Hitze 8–10 Minuten dünsten, bis der Fenchel sehr weich ist.

2 Orangen so schälen, dass die weiße Haut vollständig entfernt wird. Orangen filetieren. Orangenfilets und Rote Bete klein schneiden. Filets und Rote Bete mit dem Fenchel im Mixer fein mixen. Den Drink mit Zitronensaft und Apfelsüße abschmecken, mit Fenchelgrün garnieren.

Tipp: Sie können auch 300 ml Blutorangen-Direktsaft (aus dem Kühlregal) verwenden.

ENERGIE-FRUCHT-DRINK (im Foto links)

ORIGINELL

2 Portionen

Pro Stück:
E: 3 g, F: 1 g, Kh: 38 g,
kJ: 776, kcal: 186, BE: 3,0

25 g Quinoa
200 g Ananasfruchtfleisch
 (vorbereitet gewogen)
1 kleine Stange Staudensellerie
200 ml Blutorangen-Direktsaft
2–3 EL Zitronensaft
1–2 EL Hagebuttenmark, Honig

Zubereitungszeit: 10 Minuten
Garzeit (Quinoa): etwa 25 Minuten, ohne Abkühlzeit

1 Quinoa in 100 ml Wasser nach Packungsanleitung quellen lassen, etwas abkühlen lassen.

2 Ananas klein schneiden. Sellerie putzen, harte Außenfäden abziehen. Sellerie abspülen, abtropfen lassen und fein schneiden. Ananas, Sellerie und Quinoa mit Blutorangen-, Zitronensaft und Hagebuttenmark im Mixer oder mit dem Pürierstab fein mixen bzw. pürieren, nach Belieben mit etwas Honig süßen.

FITMACHER-TIPP:

Das Fruchtfleisch, der Saft und teilweise auch die Schale von Blutorangen sind rötlich bis blutrot. Je nach Sorte variiert ihr Geschmack von kräftig süß-säuerlich bis hin zu aromatisch süß. Wie „normale" Orangen auch punkten sie vor allem durch ihren Vitamin-C-Gehalt.

BELEGT & GEFÜLLT

Stullen, Sandwiches & Co. – absolute Frühstück-Evergreens. Üppig belegte Brote, Brötchen oder Sushi-Häppchen stillen den Hunger und sind die idealen To-go-Kandidaten für Schule und Büro.

FRÜHSTÜCKS-BURGER

HERZHAFT

2 Portionen

Pro Portion:
E: 29 g, F: 16 g, Kh: 47 g,
kJ: 1867, kcal: 446, BE: 4,0

2 große Vinschgauer-Fladenbrötchen (vom Bäcker) oder 4 Mi-
ni-Vinschgauer-Fladenbrötchen
(zum Aufbacken)

Zum Bestreichen und Belegen:
120 g körniger Frischkäse
   (0,8 % Fett)
½ TL milder Senf oder Meerrettich
   (aus dem Glas)
Salz
gem. Pfeffer
2–4 Blätter Radicchio
2 EL Alfalfa- oder Radies-
   chen-Sprossen

Für die Burger:
2 EL helle, geschälte Sesamsamen
½ TL schwarze Sesamsamen
2 große oder 4 kleine Scheiben
   Räucherlachs (80–100 g)

Zubereitungszeit: 10 Minuten,
ohne Abkühlzeit

1 Die Fladenbrötchen zum Aufbacken nach Packungsanleitung aufbacken und abkühlen lassen. Die Brötchen waagerecht halbieren.

2 Zum Bestreichen Frischkäse mit Senf oder Meerrettich verrühren.
Die Frischkäsemasse mit Salz und Pfeffer würzen. Die unteren
Brötchenhälften damit bestreichen.

3 Zum Belegen Radicchio und Sprossen abspülen und trocken tupfen
Radicchio in feine Streifen schneiden.

4 Für die Burger beide Sorten Sesamsamen in einem tiefen Teller mischen. Die Lachsscheiben von beiden Seiten in der Samenmischung
wenden.

5 Sesam-Lachsscheiben, Radicchio und Sprossen auf den Brötchenhälften verteilen und mit den oberen Brötchenhälften belegen.

Tipp: Statt Vinschgauer-Fladenbrötchen schmecken auch frische
Roggen- oder Sauerteigbrötchen oder Finnbrötchen (Roggen-
misch-Toastbrötchen). Belegen Sie die Brötchen nicht mit Lachs,
sondern mit Hähnchen. Dafür 2 dünne Scheiben Hähnchenbrust-
filet (je etwa 100 g) mit Salz und Pfeffer würzen und in den
Sesamsamen wenden. ½ Teelöffel Sonnenblumenöl in einer
Pfanne erhitzen. Die Hähnchenfilets darin bei mittlerer Hitze
von beiden Seiten 2–3 Minuten knusprig braun braten.

FITMACHER-TIPP:

Lachs ist ein relativ kalorienreicher Fisch. Sein Fleisch ist
fettreich, aber reich an wertvollen Omega-3-Fettsäuren.

FISCHERFRÜHSTÜCK

SCHMECKT AUCH ABENDS

2 Portionen

Pro Portion:
E: 24 g, F: 14 g, Kh: 11 g,
kJ: 1121, kcal: 268, BE: 1,0

3 Eier (Größe M)
3 EL Milch
Salz, gem. Pfeffer
½ EL Butter
2 Scheiben Vollkorn-Toastbrot
125 g Nordseekrabbenfleisch
½ TL frisch gehackte Dillspitzen

Zubereitungszeit: 15 Minuten

1 Die Eier mit der Milch verschlagen, mit Salz und Pfeffer würzen. Butter in einer beschichteten Pfanne zerlassen. Eiermilch hinzugeben und die Masse bei schwacher Hitze stocken lassen. Wenn die Masse zu stocken beginnt, diese mit einem Holzlöffel vorsichtig durchrühren.

2 Toastscheiben toasten. Zuerst das Rührei, dann das Krabbenfleisch auf die Toastbrote geben, mit Pfeffer und Dill bestreuen.

CHAMPIGNON-RÜHREI MIT LACHS

(ohne Foto)

EINFACH

2 Portionen

Pro Portion:
E: 20 g, F: 15 g, Kh: 19 g,
kJ: 1251, kcal: 298, BE: 1,5

200 g Champignons
2 Tomaten
75 g Räucherlachs
2 Eier (Größe M)
3 EL Mineralwasser
Salz, gem. Pfeffer
15 g Joghurt-Butter (65 % Fett)
2 Scheiben Vollkornbrot
1 EL Schnittlauchröllchen

Zubereitungszeit: 15 Minuten

1 Champignons putzen, mit Küchenpapier abreiben, evtl. abspülen, abtropfen lassen und in Scheiben schneiden. Tomaten abspülen, abtrocknen, vierteln und die Stängelansätze herausschneiden. Lachs in Streifen schneiden. Eier mit Wasser verschlagen, mit Salz und Pfeffer würzen. Knapp die Hälfte der Butter in einer kleinen Pfanne zerlassen. Champignons darin kurz anbraten. Verschlagene Eier unter Rühren hinzufügen und stocken lassen. Brotscheiben mit der restlichen Butter bestreichen, mit Rührei und Lachsstreifen belegen und mit Schnittlauch bestreuen. Dazu die Tomatenviertel reichen.

FITMACHER-TIPP:

Eier liefern Eiweiß, Fett, die Vitamine A, D, E und K, B-Vitamine sowie Mineralstoffe wie Kalzium und Eisen. Aufgrund des relativ hohen Cholesteringehalts von Eiern empfiehlt die Deutsche Gesellschaft für Ernährung nicht mehr als 2–3 Eier pro Woche zu essen (inklusive „verarbeiteter" Eier, zum Beispiel in Gebäck).

LACHSBROT MIT GURKE (im Foto vorn)

FEINE STULLE

2 Portionen

Pro Portion:
E: 22 g, F: 7 g, Kh: 44 g, kJ: 1389,
kcal: 332, BE: 3,5

1 kleiner Bio-Apfel (etwa 150 g)
100 g Bio-Salatgurke
4 Salatblätter
  (z. B. Kopf- oder Eichblattsalat)
4 Scheiben Vollkornbrot
2 geh. TL ger. Meerrettich
  (aus dem Glas)
150 g Räucherlachs in Scheiben
1–2 Stängel Dill
gem. Pfeffer

Zubereitungszeit: 10 Minuten

1 Apfel, Gurke und Salatblätter abspülen und trocken tupfen. Apfel vierteln, entkernen und in dünne Spalten schneiden. Gurke in dünne Scheiben schneiden.

2 Brotscheiben mit Meerrettich bestreichen, 2 Brotscheiben mit Salatblättern, Gurke, Apfel und Lachs belegen. Dill abspülen, trocken tupfen und die Spitzen von den Stängeln zupfen, grob hacken. Brote mit Dill und Pfeffer bestreuen. Die restlichen Brotscheiben darauflegen.

FORELLENFILET IN VOLLKORNBROT

(im Foto hinten)

LECKERSCHMECKER

2 Portionen

Pro Portion:
E: 21 g, F: 4 g, Kh: 37 g, kJ: 1155,
kcal: 276, BE: 3,0

2 Salatblätter
  (z. B. Kopf- oder Römersalat)
2 geräucherte Forellenfilets
2 große Gewürzgurken
4 Scheiben Vollkornbrot
2 geh. TL ger. Meerrettich
  (aus dem Glas)
gem. Pfeffer

Zubereitungszeit: 5 Minuten

1 Salatblätter waschen und trocken tupfen. Forellenfilets in Stücke teilen. Die Gewürzgurken längs in 3–4 Scheiben schneiden. Brotscheiben dünn mit Meerrettich bestreichen. 2 Brotscheiben mit Salatblättern, Forelle und Gurken belegen, mit Pfeffer bestreuen. Die restlichen Brotscheiben darauflegen und leicht andrücken.

FITMACHER-TIPP:

Ein- bis zweimal in der Woche sollte Fisch auf dem Speiseplan stehen, empfiehlt die Deutsche Gesellschaft für Ernährung. Er ist reich an lebenswichtigen Omega-3-Fettsäuren, zudem punktet er mit seinem Vitamin-D-Gehalt (der Gehalt unterscheidet sich von Fischsorte zu Fischsorte zum Teil stark). Aufgrund der weltweiten Überfischung der Meere sollten Sie beim Einkauf allgemein darauf achten, Fisch aus nachhaltiger Fischerei zu kaufen.

CHAI FRENCH TOAST

FEIN GEWÜRZTER KLASSIKER

2 Portionen

Pro Stück:
E: 26 g, F: 16 g, Kh: 74 g,
kJ: 2384, kcal: 570, BE: 6,0

Zum Vorbereiten:
1 EL Chai-Gewürzmischung
  (z. B. Chai Masala)
80 ml Milch (1,5 % Fett)

Für den Quark-Honig-Dip:
150 g Magerquark
1 EL Zitronensaft
1 EL Mineralwasser
  (mit Kohlensäure)
1–2 TL Honig

etwa 150 g Obst der Saison
  (z. B. Apfel, Weintrauben, Orange,
  Granatapfelkerne)

Für die French Toasts:
2 Eier (Größe M)
4 kleine Scheiben Weizenvollkorn-
  brot (je etwa 45 g, vom Vortag)
3–4 TL Honig

20 g Butter, Margarine oder
  Speiseöl zum Braten

Zubereitungszeit: 20 Minuten

1 Zum Vorbereiten die Gewürzmischung mit der Milch in einem klei-nen Topf kurz erwärmen. Den Topf von der Kochstelle nehmen und die gewürzte Milch etwa 5 Minuten ziehen lassen.

2 In der Zwischenzeit für den Quark-Honig-Dip Quark mit Zitronen-saft, Mineralwasser und Honig in einer Schüssel glatt verrühren. Das Obst putzen, abspülen, trocken tupfen und in mundgerechte Stücke schneiden.

3 Für die French Toasts die Eier in einem tiefen Teller mit einer Gabel verschlagen. Anschließend die Chai-Milch durch ein Sieb dazugießen und unterschlagen.

4 Die Brotscheiben je nach Größe halbieren oder vierteln und jeweils von einer Seite mit Honig bestreichen. Die Brote in der Chai-Eier-Milch wenden, bis die gesamte Flüssigkeit aufgesogen ist.

5 Das Fett in einer Pfanne zerlassen bzw. erhitzen. Die Brotscheiben darin von beiden Seiten zartbraun braten. Chai French Toast mit dem Quark-Honig-Dip und dem Obst anrichten und servieren.

FITMACHER-TIPP:

Neben schwarzem Tee gehören Gewürze wie Kardamom, Zimt, Ingwer, Pfeffer, Lorbeerblätter, Nelken und Muskat in eine typische Chai-Gewürzmischung.

BAGEL MIT FRISCHKÄSE UND PAPRIKA

RUNDE SACHE

1 Portion

Pro Portion:
E: 17 g, F: 3 g, Kh: 57 g,
kJ: 1269, kcal: 302, BE: 4,5

je ½ kleine rote und gelbe
    Paprikaschote
2–3 Stängel glatte Petersilie
    oder Basilikum
1 Vollkorn-Bagel
    (Fertigprodukt, etwa 100 g)
50 g Frischkäse (0,2 % Fett)
evtl. Salz, evtl. gem. Pfeffer

Zubereitungszeit: 10 Minuten

1 Paprikaschoten entstielen, entkernen und die weißen Scheidewände entfernen. Anschließend Schoten abspülen, abtropfen lassen und in feine Streifen schneiden.

2 Kräuter abspülen und trocken tupfen. Die Blättchen von den Stängeln zupfen, in feine Streifen schneiden.

3 Bagel toasten, anschließend waagerecht aufschneiden. Die Schnittflächen mit dem Frischkäse bestreichen. Die untere Hälfte des Bagels mit den Paprika- und Petersilienstreifen belegen, nach Belieben mit Salz und Pfeffer bestreuen. Die obere Bagelhälfte darauflegen.

POWER-SANDWICH (ohne Foto)

PERFEKT ZUM MITNEHMEN

1 Portion

Pro Portion:
E: 23 g, F: 10 g, Kh: 27 g,
kJ: 1223, kcal: 293, BE: 2,0

2 Scheiben Vollkorn-Toastbrot
2 Blatt grüner Salat
1 Tomate
2 Radieschen
½ gelbe Paprikaschote
50 g Bio-Salatgurke
30 g Kräuterfrischkäse
grob gem. Pfeffer
1 EL gehackte Petersilie
50 g hauchdünne Scheiben
    Putenbrust

Zubereitungszeit: 10 Minuten

1 Das Toastbrot toasten. Salat, Tomate, Radieschen, Paprika und Gurke abwaschen und abtrocknen. Tomate und Radieschen in Scheiben schneiden. Paprika entstielen, die weißen Scheidewände entfernen und mit der Gurke sehr klein würfeln.

2 Toasts jeweils mit Frischkäse bestreichen, mit Pfeffer und gehackter Petersilie bestreuen. Salat, Tomate, Radieschen und Paprika auf 2 Toasts verteilen. Putenbrust locker darauflegen und mit Gurkenwürfeln bestreuen. Brotscheiben vorsichtig zusammenklappen und diagonal halbieren, sodass Dreiecke entstehen.

FITMACHER-TIPP:

Greifen Sie bei Brot immer wieder zu dunkleren Sorten, bei denen das Korn mit der Schale gemahlen wurde. In der Schale stecken wertvolle Vitamine und Mineralstoffe.

SWEET SUSHI

2 Portionen

Pro Portion:
E: 9 g, F: 7 g, Kh: 99 g,
kJ: 2138, kcal: 510, BE: 8,0

Für den Sushi-Reis:
150 g Basmati-Reis
knapp 375 ml Kokos- oder
 Reisdrink (ungesüßt)
½ TL flüssige Reissüße
 (aus dem Reformhaus)
1 Prise Salz

Für den Belag:
2 TL Walnusskernhälften
1 kleine Kiwi
75 g Mangofruchtfleisch
 (vorbereitet gewogen)

Außerdem:
2 EL Zitronensaft
1 kleines Stück frischer Ingwer
 (etwa 5 g)
1 EL flüssige Reissüße
 (aus dem Reformhaus)
2 EL Granatapfelkerne

Zubereitungszeit:
15 Minuten, ohne Abkühlzeit
Garzeit (Reis):
etwa 18 Minuten

1 Für den Sushi-Reis Basmati-Reis in einem Sieb unter lauwarmem Wasser kurz abspülen und abtropfen lassen. Reis mit Kokos- oder Reisdrink, Reissüße und Salz in einen Topf geben und zugedeckt zum Kochen bringen. Anschließend den Reis auf niedrigster Stufe offen etwa 18 Minuten quellen lassen.

2 In der Zwischenzeit für den Belag die Walnusskernhälften sehr fein hacken und anschließend in einer Pfanne ohne Fett unter Wenden rösten, bis sie anfangen zu durften. Die Nüsse auf einen Teller geben und erkalten lassen.

3 Die Kiwi schälen, längs halbieren und in feine Scheiben schneiden. Das Mangofruchtfleisch in feine Spalten schneiden.

4 Den Zitronensaft auf den Reis träufeln und mit den Händen gut untermischen. Den Reis mit den Händen zu länglichen Nocken formen. Die Sushi-Nocken auf 2 Tellern anrichten.

5 Ingwer schälen, fein reiben und mit der Reissüße verrühren, anschließend über die Reisnocken träufeln. Die Walnusskerne auf den Nocken verteilen, mit den vorbereiteten Kiwischeiben und den Mangospalten belegen. Das süße Sushi mit den Granatapfelkernen servieren oder im Kühlschrank aufbewahren.

Tipp: Wenn Sie es lieber etwas milder mögen, rühren Sie den geriebenen Ingwer unter den Kokos- oder Reisdrink und garen ihn mit dem Reis. Dadurch verliert der Ingwer deutlich an Schärfe. Den Fruchtbelag können Sie je nach Saison und Geschmack variieren.

FITMACHER-TIPP:

Die in Ostasien beheimatete Mango hat ein meist sehr saftiges Fruchtfleisch mit pfirsichähnlichem Geschmack. Die Reife ist an ihrem feinen Geruch sowie am leichten Nachgeben bei Druck auf die Frucht erkennbar. Die Mango liefert vor allem Beta-Carotin und Vitamin C.

RETTICH-SCHNITTCHEN
MIT GEFLÜGELWURST

WUNDERBAR DEFTIG

1 Portion

Pro Portion:
E: 14 g, F: 8 g, Kh: 30 g,
kJ: 1048, kcal: 251, BE: 2,5

Für den Rettich-Frischkäse:
1 runder weißer Rettich
  (etwa 150 g)
1 TL geröstete Sesamsamen
30 g Frischkäse (0,2 % Fett)
Salz
gem. Pfeffer

Außerdem:
30 g fettreduzierte Geflügelwurst
2 kleine Scheiben Vollkornbrot
  (etwa 65 g)
1 TL Schnittlauchröllchen
  (frisch oder TK)

Zubereitungszeit:
10 Minuten

1 Für den Rettich-Frischkäse Rettich putzen, schälen, abspülen und gut abtropfen lassen. Rettich auf einer Küchenreibe grob raspeln, mit Sesam und Frischkäse in einer Schüssel verrühren. Den Rettich-Frischkäse mit Salz und Pfeffer abschmecken.

2 Die Geflügelwurst in feine Streifen schneiden. Den Rettich-Frischkäse auf den Vollkornbrotscheiben anrichten. Die Geflügelwurststreifen darauf verteilen und mit den Schnittlauchröllchen bestreuen.

Tipps: Rühren Sie zusätzlich 1 Teelöffel Meerrettich oder etwas Wasabi-Pulver (erhältlich im Asia-Laden oder in der Asia-Abteilung gut sortierter Supermärkte) unter den Rettich-Frischkäse. Da die Rettichraspel schnell Wasser verlieren, bereiten Sie den Rettich-Frischkäse erst am Morgen zu. In einer geeigneten Transportdose können Sie ihn so auch mit ins Büro nehmen. Die Geflügelwurst und den Schnittlauch dann vorbereitet in separaten Transportbehältnissen mitnehmen und die Brotscheiben erst im Büro kurz vor dem Verzehr belegen.

FITMACHER-TIPP:

Je nach Sorte und Jahreszeit schmeckt Rettich sehr pikant bis scharf und intensiv würzig. Sein Kalorien- und Fettanteil ist verschwindend gering. Die Wurzel punktet mit Vitamin C und Kalium.

KASSELERRÖLLCHEN

MIT RADIESCHEN-FRISCHKÄSE

1 Portion

Pro Portion:
E: 18 g, F: 3 g, Kh: 20 g,
kJ: 763, kcal: 183, BE: 1,5

2 Scheiben Vollkorn-Toastbrot

Für den Radieschen-Frischkäse:
50 g Frischkäse (0,2 % Fett)
gem. Pfeffer
½ TL mittelscharfer Senf
60 g Radieschen
evtl. Salz

4 dünne Scheiben
  Kasseler-Aufschnitt

Zum Bestreuen:
etwas Gartenkresse

Außerdem:
Holzstäbchen

Zubereitungszeit: 10 Minuten

1 Die Toastbrot-Scheiben im Toaster goldbraun rösten und etwas abkühlen lassen.

2 In der Zwischenzeit Frischkäse mit Pfeffer und Senf verrühren. Radieschen putzen, abspülen, trocken tupfen und in feine Stifte schneiden oder raspeln. Radieschenstifte oder -raspel unter den Frischkäse mischen. Den Radieschen-Frischkäse evtl. mit etwas Salz abschmecken.

3 Die Vollkorn-Toastbrot-Scheiben diagonal halbieren. Die Kasseler-Scheiben mit dem Radieschen-Frischkäse bestreichen, aufrollen und mit Holzstäbchen feststecken.

4 Die Kasselerröllchen auf den Toastbrot-Ecken anrichten. Die Kresse abspülen, trocken tupfen und vom Beet schneiden. Die Kasselerröllchen mit der Kresse bestreuen.

Tipp: Schneller geht es, wenn Sie die Toastbrot-Scheiben mit dem Frischkäse bestreichen, mit dem Aufschnitt belegen und die geputzten Radieschen dazu essen.

FITMACHER-TIPP:

Achten Sie beim Einkauf auf die genaue Bezeichnung der Fettgehaltsstufe des Frischkäses. Wirklich fettarm ist der Frischkäse mit 0,2 g Fett/100 g absolut (Nährwertangaben auf der Packung beachten). Er hat dann nur etwa 64 Kilokalorien pro 100 g.

VOLLKORN-SANDWICH
MIT MEERRETTICH-DINKEL-BUTTER

2 Portionen

Pro Portion:
E: 11 g, F: 14 g, Kh: 47 g,
kJ: 1601, kcal: 382, BE: 4,0

Für die Dinkel-Butter:
1 Schalotte
1 TL Olivenöl
20 g fein geschroteter Schnell-
  koch-Dinkel (z. B. von Kornfix)
80 ml Gemüsebrühe
gem. Pfeffer
25 g Butter (zimmerwarm)

Außerdem:
4 Scheiben Roggen-Vollkornbrot
  (je etwa 40 g)
1 kleiner, säuerlicher Bio-Apfel
  (etwa 120 g)
½ Bund Schnittlauch
½ Bund Radieschen (etwa 140 g)
1 kleines Stück frischer Meerrettich
2 große, hauchdünne Scheiben
  magerer, geräucherter Schinken
  (je etwa 12 g, z. B. Schwarzwälder
  Schinken)

Zubereitungszeit: 20 Minuten,
ohne Abkühlzeit
Quellzeit: etwa 30 Minuten

1 Für die Butter die Schalotte abziehen und fein würfeln. Olivenöl in einem Topf erhitzen. Die Schalottenwürfel darin braun anbraten. Dinkel hinzugeben, kurz mitrösten, mit Brühe ablöschen und mit Pfeffer würzen. Die Zutaten zugedeckt etwa 5 Minuten leicht köcheln lassen. Anschließend den Topf von der Kochstelle nehmen. Dinkel etwa 25 Minuten quellen und erkalten lassen.

2 Die Butter mit einem Mixer (Rührstäbe) cremig schlagen. Die Dinkelmischung nach und nach unterschlagen. Die Dinkel-Butter in den Kühlschrank stellen.

3 Die Brotscheiben nach Belieben im Toaster leicht rösten und etwas abkühlen lassen. Den Apfel heiß abwaschen, abtrocknen, vierteln und entkernen. Apfelviertel in Spalten schneiden. Schnittlauch abspülen und trocken tupfen. Radieschen putzen, abspülen, abtropfen lassen und in Spalten schneiden.

4 Die Brote mit der Dinkel-Butter bestreichen. Meerrettich schälen und daraufraspeln. 2 Brotscheiben mit Apfelspalten und Schinken belegen. Die Brotscheiben zusammenklappen. Die Sandwiches mit Radieschen und Schnittlauch anrichten.

Tipps: Bereiten Sie von der Dinkel-Butter am besten gleich die doppelte oder dreifache Menge zu. Sie hält sich mit Frischhaltefolie zugedeckt im Kühlschrank etwa 5 Tage. Wenn Sie keinen frischen Meerrettich bekommen, können Sie auch 1 Teelöffel Meerrettichraspel aus dem Glas verwenden.

FITMACHER-TIPP:

Radieschen sind meist kugelig rund und rot, können aber auch oval und weiß sein. Immer aber sollen sie knackig, saftig und scharf sein. Sie enthalten Kalium und Eisen, aber nur etwa 14 kcal pro 100 g geputzter Ware. Radieschen können im Kühlschrank 2 Tage gelagert werden. Dafür vorher das Grün abschneiden und die Radieschen in ein feuchtes Tuch einschlagen oder in eine luftdicht verschlossene Dose legen.

NEW ENGLAND BREAKFAST TOAST

YUMMY

2 Portionen

Pro Portion:
E: 16 g, F: 9 g, Kh: 40 g,
kJ: 1400, kcal: 335, BE: 3,0

Zum Vorbereiten:
6 Pekannusskernhälften

**Für den fruchtigen
Chicorée-Salat:**
1 kleine Sweetie oder rosa
  Grapefruit
75 g Joghurt (3,5 % Fett)
Salz
gem. Pfeffer
150 g Chicorée

Außerdem:
1 EL getrocknete Cranberrys
4 Scheiben Vollkorn-Sandwich-
  Toastbrot
8 hauchdünne Scheiben geräucherte
  Putenbrust
etwas vorbereiteter Schnittlauch
  zum Garnieren

Zubereitungszeit: 15 Minuten,
ohne Abkühlzeit

1 Zum Vorbereiten die Pekannusskerne in einer Pfanne ohne Fett unter Wenden rösten, bis sie anfangen zu duften. Nusskerne auf einen Teller geben und erkalten lassen.

2 Für den Chicorée-Salat Sweetie oder Grapefruit schälen, dann die einzelnen Fruchtspalten lösen und jeweils das Fruchtfleisch aus den Schalen lösen. Fruchtfleisch in Stücke schneiden.

3 Joghurt mit Salz und Pfeffer verrühren. Sweetie- oder Grapefruitstücke unterheben. Chicorée putzen, längs halbieren, abspülen, abtropfen lassen und den Strunk keilförmig herausschneiden. Chicorée in feine Streifen schneiden und unter den Joghurt mischen, mit Pfeffer und evtl. noch etwas Salz abschmecken.

4 Cranberrys und geröstete Nüsse klein hacken und mischen. Das Toastbrot im Toaster knusprig rösten und etwas abkühlen lassen. Toastscheiben nach Belieben halbieren, mit dem fruchtigen Chicorée-Salat belegen. Die Putenbrustscheiben darauf anrichten, mit der Cranberry-Nuss-Mischung bestreuen und mit abgespülten, trocken getupften und grob geschnittenen Schnittlauchröllchen garnieren.

Tipp: Statt Cranberrys schmecken auch getrocknete Kirschen oder Rosinen. Die Pekannusskerne können durch andere Nusssorten oder durch Mandeln ersetzt werden. Bereiten Sie den fruchtigen Chicorée-Salat statt mit Sweetie oder Grapefruit mit Orangen zu.

FITMACHER-TIPP:

Sweeties und Grapefruits enthalten wenig Kalorien, kaum Fett, dafür viel Vitamin C und außerdem den Ballaststoff Pektin.

EI IM BRÖTCHEN

PIKANTER AUGEN- UND GAUMENSCHMAUS

4 Portionen

Pro Portion:
E: 16 g, F: 17 g, Kh: 20 g,
kJ: 1267, kcal: 303, BE: 1,5

4 Ciabatta-Brötchen zum Aufbacken
  (je etwa 75 g)
4 TL Tahini-Paste
100 g Frühlingszwiebeln
100 g Tomaten
15 Minzeblättchen
100 g Fetakäse
Salz
1 TL gem. Kreuzkümmel (Cumin)
1 TL Paprikapulver edelsüß
4 Eier (Größe M)
½ TL Schwarzkümmelsamen
grobes Meersalz

Zubereitungszeit: 25 Minuten
Backzeit: etwa 18 Minuten

1 Die Brötchen soweit wie möglich aushöhlen (das Innere anderweitig verwenden). In jedes Brötchen 1 Teelöffel Tahini-Paste geben.

2 Den Backofen vorheizen.
Ober-/Unterhitze: etwa 180 °C, Heißluft: etwa 160 °C.

3 Frühlingszwiebeln putzen, abspülen und abtropfen lassen. Frühlingszwiebeln in sehr dünne Scheiben schneiden. Tomaten abspülen, abtrocknen und die Stängelansätze herausschneiden. Tomaten in etwa ½ cm große Würfel schneiden.

4 Minzeblättchen abspülen, trocken tupfen und klein schneiden. Fetakäse zerbröseln.

5 Die vorbereiteten Zutaten mischen, leicht salzen, mit Kreuzkümmel und Paprika würzen. Die Mischung in den Brötchen verteilen und leicht festdrücken.

6 Die Brötchen auf ein Backblech (mit Backpapier belegt) legen. In jedes Brötchen ein Ei aufschlagen und mit Schwarzkümmel bestreuen.

7 Das Backblech in den vorgeheizten Backofen schieben. Die Brötchen **etwa 18 Minuten backen**, bis das Eiweiß gestockt und die Brötchen schön knusprig sind.

8 Die Eier jeweils mit etwas Meersalz bestreuen. Die Brötchen warm oder kalt genießen.

FITMACHER-TIPP:

Frühlingszwiebeln haben bereits vor der vollständigen Reife eine kleine weiße Zwiebel ausgebildet, von der auch das Grün mitverwendet wird. Die jung geernteten Zwiebeln haben einen milden, leichten Geschmack.

ASIA-RÜHREI AUF PUMPERNICKEL

SCHMECKT AUCH ALS SNACK ZWISCHENDURCH

2 Portionen

Pro Portion:
E: 26 g, F: 15 g, Kh: 31 g,
kJ: 1600, kcal: 383, BE: 2,5

Zum Vorbereiten:
150 g Tofu, natur
2–3 EL Sojasauce

Für das Asia-Rührei:
2 Frühlingszwiebeln
½ rote Paprikaschote
 (etwa 100 g)
3 Eier (Größe M)
Salz
2 EL kaltes Wasser
1–2 EL Chilisauce (Fertigprodukt)

Außerdem:
1 TL Sojaöl
2 Scheiben Pumpernickel
 (je etwa 50 g)
etwas vorbereiteter Schnittlauch

Zubereitungszeit: 20 Minuten

1 Zum Vorbereiten Tofu in kleine Würfel schneiden, in eine Schale geben und mit der Sojasauce beträufeln. Die Zutaten etwa 10 Minuten ziehen lassen, dabei gelegentlich durchmischen, bis der Tofu die Sojasauce fast aufgesogen hat.

2 Für das Rührei in der Zwischenzeit Frühlingszwiebeln putzen, abspülen, abtropfen lassen und schräg in feine Scheiben schneiden. Paprikaschotenhälfte entstielen, entkernen und die weißen Scheidewände entfernen. Schotenhälfte abspülen, abtropfen lassen und in feine Würfel schneiden. Etwa 1 Esslöffel Frühlingszwiebelscheiben und Paprikawürfel zum Garnieren beiseitelegen.

3 Eier, 1 Prise Salz, Wasser und Chilisauce in einer Schale gut verschlagen. Tofuwürfel evtl. noch etwas abtropfen lassen.

4 Das Sojaöl in einer Pfanne erhitzen. Die Tofuwürfel in die Pfanne geben (Achtung: Es spritzt!) und darin unter Wenden kross anbraten. Anschließend Paprikawürfel und Frühlingszwiebeln hinzugeben, kurz mit anbraten.

5 Die verschlagenen Eier über die Zutaten gießen, bei mittlerer Hitze stocken lassen. Die Masse mit einem Pfannenwender vom Rand zur Mitte schieben, bis keine Flüssigkeit mehr vorhanden ist.

6 Rührei in 2 gleich große Portionen teilen und auf je 1 Scheibe Pumpernickel anrichten. Rührei mit den beiseitegelegten Paprikawürfeln, Frühlingszwiebelscheiben und abgespülten, trocken getupften Schnittlauchhalmen garnieren.

Tipp: Nehmen Sie von den angebratenen Tofuwürfeln 1-2 Esslöffel ab und streuen Sie diese erst zum Servieren über das Asia-Rührei.

FITMACHER-TIPP:

Pumpernickel ist eine westfälische Vollkornbrot-Spezialität. Das sehr dunkle und sehr saftige Brot ist extrem lange haltbar und das ganz ohne Konservierungsstoffe. Es punktet mit reichlich Ballaststoffen sowie mit Mineralstoffen, vor allem mit Magnesium.

GEBACKEN & AUFGESTRICHEN

Nichts geht über den Duft von frisch gebackenem Brot! Holen Sie ihn sich mit diesen Ideen für Brot, Brötchen & Co. nach Hause und krönen Sie die besonderen Köstlichkeiten mit selbst gemachten Aufstrich-Kreationen.

TAHINI-HONIG-BRÖTCHEN

NACH FRANZBRÖTCHEN-ART

8–10 Stück

Pro Stück:
E: 8 g, F: 9 g, Kh: 54 g,
kJ: 1408, kcal: 335, BE: 4,5

Zum Vorbereiten:
etwa 700 g säuerliche Äpfel
  (vorbereitet gewogen 500 g)
fein abgeriebene Schale und Saft
  von 1 Bio-Zitrone
  (unbehandelt, ungewachst)
70 g getrocknete Kirschen

530 g frischer, süßer Hefeteig
  (aus dem Kühlregal)

Für die Füllung:
1 ½ EL Tahini
  (Sesampaste, etwa 35 g)
1 ½ TL gem. Zimt
150 g fester Honig

Zum Bestreuen:
3–4 EL geschälte Sesamsamen

Zubereitungszeit: 20 Minuten
Backzeit: etwa 20 Minuten

1 Zum Vorbereiten die Äpfel schälen, vierteln und entkernen. Apfelviertel grob in eine Schale raspeln. Zitronenschale, Zitronensaft und getrocknete Kirschen hinzufügen und untermischen.

2 Den Backofen vorheizen.
Ober-/Unterhitze: etwa 180 °C, Heißluft: etwa 160 °C.

3 Den Hefeteig aus der Packung nehmen und mit dem darin enthaltenen Backpapier auf einer Arbeitsfläche entrollen.

4 Für die Füllung Tahini mit Zimt und Honig glatt rühren. Die vorbereitete Fruchtmischung in einem Sieb sorgfältig ausdrücken, den Saft dabei nach Belieben auffangen (siehe Tipps). Die Fruchtmischung zu der Tahini-Honig-Mischung geben und unterrühren, dann auf dem Teig gleichmäßig verstreichen, dabei an einer Längsseite einen etwa 2 cm breiten Rand frei lassen.

5 Den Hefeteig mithilfe des Backpapiers von der längeren Seite aus fest aufrollen. Die Teigrolle in 8–10 gleich große Scheiben schneiden. Jede Teigscheibe von oben mit einem breiten Kochlöffelstiel eindrücken und nochmals mit der Hand sehr flach drücken.

6 Die Brötchen auf ein Backblech (mit Backpapier belegt) legen und mit Sesam bestreuen. Das Backblech in den vorgeheizten Backofen schieben. Die Brötchen in **etwa 20 Minuten goldbraun backen**.

7 Die Tahini-Honig-Brötchen mit dem Backpapier von dem Backblech auf einen Kuchenrost ziehen und erkalten lassen.

Tipps: Den aufgefangenen Saft von der Fruchtmischung mit etwas gut gekühltem Mineralwasser auffüllen und als **Blitz-Vitamin-Drink** genießen. Statt Äpfel schmecken auch Birnen in der Füllung. Die Kirschen können Sie durch getrocknete Cranberrys oder Rosinen ersetzen, die Sesampaste durch Mandelmus.

FITMACHER-TIPP:

Die Zitrone ist länglich-oval, mit gelber bis gelb-grüner Schale und sehr saurem Fruchtfleisch. Die Verwendung in der Küche ist vielfältig. Zitronensaft würzt Fisch und Fleischgerichte und die abgeriebene Schale von Bio-Früchten aromatisiert beim Backen und Kochen. Zitronen sind reich an Vitamin C.

DINKELZOPF MIT KÜRBISKERNEN

1 Brot

Insgesamt:
E: 100 g, F: 73 g, Kh: 354 g,
kJ: 10368, kcal: 2477, BE: 29,5

Für den Hefeteig:
500 g Dinkel-Vollkornmehl
1 Pck. Dr. Oetker Trockenbackhefe
2 gestr. TL Salz
70 g grob gehackte Kürbiskerne
300 ml lauwarmes Wasser
2 EL Sonnenblumenöl

Zum Bestäuben:
etwas Dinkel-Vollkornmehl

Zum Bestreuen:
1–2 EL Kürbiskerne

Zubereitungszeit:
etwa 40 Minuten, ohne Abkühlzeit
Ruhe-/Gehzeit: etwa 60 Minuten
Backzeit: etwa 30 Minuten

1 Für den Teig Mehl mit Hefe in einer Rührschüssel sorgfältig vermischen. Salz, gehackte Kürbiskerne, Wasser und Öl hinzufügen. Die Zutaten mit einem Mixer (Knethaken) zunächst kurz auf niedrigster, dann auf höchster Stufe in etwa 5 Minuten zu einem glatten Teig verarbeiten. Den Teig leicht mit Mehl bestäuben und zugedeckt so lange an einem warmen Ort gehen lassen, bis er sich sichtbar vergrößert hat, etwa 40 Minuten.

2 Den Teig auf der leicht bemehlten Arbeitsfläche nochmals kurz durchkneten, dann zu einer Rolle formen. Die Teigrolle in 3 gleich große Portionen teilen. Jede Teigportion zu einer Rolle von etwa 30 cm Länge formen. Die Teigrollen zu einem Zopf flechten. Die Teigenden gut zusammendrücken und unter den Zopf schlagen.

3 Den Teigzopf auf ein Backblech (mit Backpapier belegt) legen, mit etwas Wasser bestreichen und mit Kürbiskernen bestreuen. Teigzopf nochmals zugedeckt so lange an einem warmen Ort gehen lassen, bis er sich sichtbar vergrößert hat, etwa 20 Minuten.

4 Den Backofen vorheizen.
Ober-/Unterhitze: etwa 250 °C, Heißluft: etwa 230 °C.

5 Das Backblech in den vorgeheizten Backofen schieben. Den Zopf **etwa 5 Minuten backen.** Dann **die Backofentemperatur um etwa 50 °C herunterschalten.** Den Zopf weitere **etwa 25 Minuten backen.**

6 Den Dinkelzopf mit dem Backpapier von dem Backblech auf einen Kuchenrost ziehen und erkalten lassen.

Tipps: Bewahren Sie das Brot nach dem Erkalten in einem Frischhaltebeutel auf.
Hart gewordene Brotreste einfach würfeln und in einer Pfanne ohne Fett mit 1–2 Esslöffeln Kürbiskernen rösten. Die Croûtons z. B. als Einlage für eine Kürbissuppe verwenden.

FITMACHER-TIPP:

Kürbiskerne punkten mit B-Vitaminen, einem relativ hohen Vitamin-E-Gehalt sowie Mineralstoffen und Spurenelementen. Sie enthalten viel Fett, vor allem aber gesunde, ungesättigte Fettsäuren.

MAISBRÖTCHEN

14 Stück

Pro Stück:
E: 4 g, F: 2 g, Kh: 29 g,
kJ: 633, kcal: 151, BE: 2,5

Für den Hefeteig:
250 g Weizenmehl
250 g Maismehl
42 g frische Hefe
2 TL Voll-Rohrzucker
400 ml lauwarmes Wasser
1 gestr. TL Salz
1–2 TL Sambal Oelek
½ TL gem. Kurkuma (Gelbwurz)
3 TL Olivenöl
etwas Weizenmehl
50 g Maisgrieß (Polenta)

Zubereitungszeit: 15 Minuten
Ruhe-/Gehzeit: 55–60 Minuten
Backzeit: 15–20 Minuten

1 Für den Teig beide Mehlsorten in einer Rührschüssel mischen und in die Mitte eine Vertiefung eindrücken. Hefe hineinbröckeln, Zucker und 100 ml lauwarmes Wasser hinzufügen. Dann mit einem kleinen Teil des Mehls mithilfe einer Gabel vorsichtig verrühren und zugedeckt 10–15 Minuten stehen lassen.

2 Restliches Wasser (300 ml), Salz, Sambal Oelek, Kurkuma und Olivenöl hinzufügen. Die Zutaten mit einem Mixer (Knethaken) zunächst kurz auf niedrigster, dann auf höchster Stufe in etwa 5 Minuten zu einem glatten Teig verarbeiten.

3 Den Teig zugedeckt so lange an einem warmen Ort gehen lassen, bis er sich sichtbar vergrößert hat, etwa 30 Minuten.

4 Den gegangenen Teig auf der leicht bemehlten Arbeitsfläche nochmals gut durchkneten. Den Teig in 14 gleich große Portionen teilen und zu Kugeln formen. Die Kugeln etwas flacher drücken.

5 Ein Backblech (mit Backpapier belegt) etwa mit der Hälfte Maisgrieß bestreuen. Die Brötchen darauflegen. Die Brötchen mit Wasser bestreichen, mit dem restlichen Maisgrieß bestreuen und anschließend zugedeckt etwa 15 Minuten an einem warmen Ort gehen lassen.

6 Den Backofen vorheizen.
Ober-/Unterhitze: etwa 200 °C, Heißluft: etwa 180 °C.

7 Das Backblech in den vorgeheizten Backofen schieben. Die Brötchen 15–20 Minuten backen. Die Brötchen mit dem Backpapier vom Backblech auf einen Kuchenrost ziehen und erkalten lassen.

FITMACHER-TIPP:

Maisgrieß hat einen niedrigen Fettgehalt und eine meist gröbere Körnung als herkömmlicher Grieß. Er wird vor allem bei der Zubereitung von regionalen Spezialitäten wie beispielsweise Polenta verwendet.

MILCHKNÄCKE

EINFACH

24 Stück

Pro Stück:
E: 3 g, F: 2 g, Kh: 16 g,
kJ: 400, kcal: 96, BE: 1,5

Für den Hefeteig:
450 g Weizenmehl (Type 550)
2 gestr. TL Salz
1 Pck. Dr. Oetker Trockenbackhefe
1 gestr. TL Dr. Oetker Backin
200 ml Milch
100 g Buttermilch
50 g Butter (zimmerwarm)

etwas Weizenmehl zum Bestäuben

Zum Bestreichen und Bestreuen:
etwas Wasser
25 g Weizenkleie

Zubereitungszeit:
60 Minuten
Ruhe-/Gehzeit:
etwa 70 Minuten
Backzeit:
10–15 Minuten je Backblech

1 Für den Teig Mehl in einer Rührschüssel mit Salz, Hefe und Backpulver sorgfältig vermischen. Milch, Buttermilch und Butter hinzufügen. Die Zutaten mit einem Mixer (Knethaken) zunächst kurz auf niedrigster, dann auf höchster Stufe in etwa 5 Minuten zu einem glatten Teig verkneten. Den Teig leicht mit Mehl bestäuben und zugedeckt so lange an einem warmen Ort gehen lassen, bis er sich sichtbar vergrößert hat, etwa 40 Minuten.

2 Den gegangenen Teig auf der leicht bemehlten Arbeitsfläche nochmals kurz durchkneten und zu einer Rolle formen. Die Teigrolle in 24 gleich große Portionen teilen, jeweils zu einer Kugel formen, dann auf der bemehlten Arbeitsfläche mit einer Teigrolle zu ovalen Fladen (etwa 7 x 20 cm) ausrollen. Diese auf 4 Backblechen (mit Backpapier belegt) verteilen, dünn mit Mehl bestäuben und zugedeckt an einem warmen Ort so lange gehen lassen, bis sie sich sichtbar vergrößert haben, etwa 30 Minuten.

3 Den Backofen vorheizen.
Ober-/Unterhitze: etwa 220 °C, Heißluft: etwa 200 °C.

4 Die Teigfladen kurz vor dem Backen dünn mit Wasser bestreichen und sofort mit Kleie bestreuen. Dann mit einem Fleischklopfer ein tiefes Muster in die Fladen drücken oder die Fladen mit einer Gabel mehrfach einstechen.

5 Die Backbleche nacheinander (bei Heißluft 2 Backbleche zusammen) in den vorgeheizten Backofen schieben. Die Knäckebrotscheiben **10–15 Minuten je Backblech backen.** Die restlichen Teigfladen bis zum Backen mit einem Geschirrtuch zudecken.

6 Die Milchknäcke-Fladen vom Backpapier nehmen und auf Kuchenrosten erkalten lassen.

Tipps: Das Milchknäcke sollte nach dem Backen trocken und knusprig sein. Es kann in einer gut schließenden Dose aufbewahrt werden. Milchknäcke schmeckt lecker mit Frischkäse oder Quark bestrichen und mit Schnittlauchröllchen bestreut oder süß mit etwas Fruchtaufstrich oder Honig.

FITMACHER-TIPP:

Neben Eiweiß und vielen Vitaminen versorgt Milch uns hervorragend mit Kalzium.

DINKEL-ROSINEN-BRÖTCHEN

BREAKFAST TO GO

12 Stück

Pro Stück:
E: 6 g, F: 3 g, Kh: 27 g,
kJ: 698, kcal: 165, BE: 2,5

Für den Hefeteig:
30 g Butter oder Margarine
   (zimmerwarm)
150 ml lauwarmes Wasser
375 g Dinkelmehl (Type 630)
20 g Weizenkleie
1 Pck. Hefeteig Garant
1 gestr. TL Zucker
1 gestr. TL Salz
175 g Magerquark
75 g Rosinen

Außerdem:
2 EL Wasser zum Bestreichen

Zubereitungszeit: 30 Minuten
Ruhe-/Gehzeit: etwa 15 Minuten
Backzeit: etwa 25 Minuten

1 Für den Teig die Butter oder Margarine in das lauwarme Wasser geben und darin zerlassen.

2 Mehl in eine Rührschüssel geben, mit Weizenkleie und Hefeteig Garant sorgfältig vermischen. Zucker, Salz, Quark und das Wasser-Fett-Gemisch hinzufügen. Die Zutaten mit einem Mixer (Knethaken) zunächst kurz auf niedrigster, dann auf höchster Stufe in etwa 5 Minuten zu einem glatten Teig verarbeiten. Die Rosinen kurz unterarbeiten.

3 Auf einer leicht bemehlten Arbeitsfläche aus dem Hefeteig eine Rolle formen. Die Teigrolle in 12 gleich große Scheiben teilen.

4 Aus den Teigscheiben Brötchen formen. Dafür eine Hand kuppelförmig über die Teigscheiben legen, den Teig darin kreisen lassen, bis aus dem Teig eine Kugel entstanden ist. Die Teigkugeln auf ein Backblech (mit Backpapier belegt) setzen. Die Kugeln zugedeckt an einem warmen Ort etwa 15 Minuten gehen lassen.

5 Den Backofen vorheizen.
Ober-/Unterhitze: etwa 200 °C, Heißluft: etwa 180 °C.

6 Aus den Teigkugeln herausstehende Rosinen in den Teig drücken. Die Teigkugeln mit Wasser bestreichen. Das Backblech in den vorgeheizten Backofen schieben. Die Dinkel-Rosinen-Brötchen **etwa 25 Minuten backen.**

7 Die Brötchen mit dem Backpapier von dem Backblech auf einen Kuchenrost ziehen und erkalten lassen.

FITMACHER-TIPP:

Dinkel wird vor allem als Brotgetreide verwendet. Er kann wie Weizen verarbeitet werden. Das Getreide verleiht Backwaren eine fein-nussige Note.

KORNKNACKER

12 Stück

Pro Stück:
E: 12 g, F: 15 g, Kh: 36 g,
kJ: 1381, kcal: 330, BE: 3,0

Zum Vorbereiten:
400 ml Wasser
100 g Weizenkörner

Für den Hefeteig:
250 g Roggenmehl (Type 1150)
75 g Weizenmehl (Type 550)
125 g Roggen-Vollkornschrot
21 g frische Hefe
350 ml lauwarmes Wasser
1 geh. EL Zuckerrübensirup
2–3 gestr. TL Salz
2 EL dunkler Balsamico-Essig
100 g Sonnenblumenkerne

Außerdem:
250 g Sonnenblumenkerne
etwas Weizenmehl

Zubereitungszeit:
45 Minuten, ohne Abkühlzeit
Ruhe-/Gehzeit:
etwa 2 Stunden und 10 Minuten
Backzeit:
25–30 Minuten

1 Zum Vorbereiten Wasser und Weizenkörner aufkochen und zugedeckt bei schwacher Hitze etwa 12 Minuten kochen lassen. Den Topf von der Kochstelle nehmen. Die Weizenkörner in dem Wasser erkalten lassen.

2 Für den Teig Mehle und Schrot in der Rührschüssel einer Küchenmaschine vermischen. In die Mitte eine Vertiefung drücken. Hefe hineinbröckeln, mit 100 ml von dem Wasser verrühren und mit Mehl bedeckt etwa 30 Minuten gehen lassen.

3 Restliches Wasser, Sirup, Salz und Essig hinzufügen. Die Zutaten mit der Küchenmaschine (Knethaken) zunächst kurz auf niedrigster, dann auf mittlerer Stufe in etwa 5 Minuten zu einem glatten Teig verarbeiten.

4 Weizenkörner in einem Sieb abtropfen lassen, dann mit 100 g Sonnenblumenkernen unter den Teig kneten. Den Teig zugedeckt nochmals so lange an einem warmen Ort gehen lassen, bis er sich sichtbar vergrößert hat, etwa 60 Minuten.

5 Den Teig auf einer leicht bemehlten Arbeitsfläche flach drücken (nicht kneten) und in 12 gleich große Stücke schneiden. Sonnenblumenkerne (250 g) in eine kleine Schüssel geben. Mit nassen Händen aus jedem Teigstück ein längliches, ovales Brötchen formen, rundherum in den Sonnenblumenkernen wälzen, mit etwas Abstand auf ein Backblech (mit Backpapier belegt) legen und nochmals zugedeckt so lange an einem warmen Ort gehen lassen, bis sie sich sichtbar vergrößert haben, etwa 40 Minuten.

6 Den Backofen vorheizen.
Ober-/Unterhitze: etwa 200 °C, Heißluft: etwa 180 °C.

7 Das Backblech in den vorgeheizten Backofen schieben. Die Kornknacker **25–30 Minuten backen.**

8 Das Backblech auf einen Kuchenrost stellen. Die Kornknacker erkalten lassen.

FITMACHER-TIPP:

Vollkornschrot wird aus dem gesamten Getreidekorn mit Ausnahme der äußeren Schale gewonnen. Schrote sind allgemein sehr reich an Ballaststoffen, Vollkornschrote punkten zudem mit den Nährstoffen und Enzymen des Keimlings.

BUCHWEIZEN-BEEREN-MUFFINS

GLUTENFREI

12 Stück

Pro Stück:
E: 2 g, F: 12 g, Kh: 35 g,
kJ: 1062, kcal: 254, BE: 3,0

Zum Vorbereiten:
300 g TK-Gemischte Beeren

Für den Teig:
150 g Buchweizenmehl
100 g Maisstärke
3 gestr. TL Dr. Oetker Backin
1 Prise Salz
130 g brauner Zucker
½ Pck. Dr. Oetker Bourbon-
 Vanille-Zucker
200 g saure Sahne
1 Ei (Größe M)
100 ml neutrales Speiseöl,
 z. B. Sonnenblumenöl

Zum Bestreuen:
30 g Buchweizenkörner
30 g brauner Zucker (Rohrzucker)

Zubereitungszeit:
25 Minuten, ohne Ruhe- und
Abkühlzeit
Backzeit:
etwa 30 Minuten

1 Den Backofen vorheizen.
Ober-/Unterhitze: etwa 180 °C, Heißluft: etwa 160 °C.

2 Zum Vorbereiten von den gefrorenen Beeren sehr große Beeren
aussortieren und etwas antauen lassen.

3 Für den Teig Buchweizenmehl, Maisstärke, Backpulver, Salz, Zucker und Vanille-Zucker in eine Rührschüssel geben und mit einem
Schneebesen verrühren.

4 Saure Sahne, Ei und Speiseöl in einem Rührbecher mit dem
Schneebesen verrühren. Die flüssigen Zutaten zu der Mehlmischung in die Rührschüssel geben und zu einem glatten Teig verrühren. Den Teig etwa 5 Minuten stehen lassen.

5 In der Zwischenzeit die großen, angetauten Beeren grob hacken.
Zum Bestreuen Buchweizenkörner und Zucker mischen.

6 Die Hälfte des Teiges in eine Muffinform (für 12 Muffins, gefettet,
bemehlt) geben und mit der Hälfte der Beeren (möglichst mit den
gehackten Beeren) belegen. Restlichen Teig daraufgeben. Restliche
gefrorene Beeren darauf verteilen und mit der Körner-Zucker-Mischung bestreuen. Die Form auf dem Rost in den vorgeheizten
Backofen schieben. Die Muffins **etwa 30 Minuten backen**.

7 Die Form auf einen Kuchenrost stellen. Die Muffins etwa 5 Minuten
in der Form abkühlen lassen, dann aus der Form lösen und auf
dem Kuchenrost erkalten lassen.

Tipps: Sollen die Muffins wirklich glutenfrei sein, auch zum Ausstreuen der Form unbedingt Buchweizenmehl oder Papierbackförmchen verwenden.
Falls Sie nur Buchweizenmehl verwenden möchten, nehmen Sie
nur 150 g saure Sahne und geben 5 Esslöffel Buttermilch hinzu.

FITMACHER-TIPP:

Buchweizen ist nicht zu den Getreiden zu zählen, wird aber
als Getreideersatz verwendet. Durch Mahlen wird aus dem
Korn Schrot, Mehl, Grieß und Grütze hergestellt.

GLUTENFREIES BROT

TOPFBROT

1 Brot

Insgesamt:
E: 99 g, F: 95 g, Kh: 278 g,
kJ: 9928, kcal: 2372, BE: 23,0

Für den Teig:
400 ml lauwarmes Wasser
21 g frische Hefe
1 TL flüssiger Honig
100 g Reis-Vollkornmehl
150 g Buchweizenmehl
100 g Sojamehl
2 gestr. TL Salz

25 g Leinsamen
50 g ungeschälte Sesamsamen
80 g Sonnenblumenkerne

Zum Bestäuben:
etwas Buchweizenmehl

Außerdem:
1 Tonblumentopf
  (Ø 12 cm, Höhe 13 cm)
Backpapier (ausgeschnitten in
  Größe des Topfbodens)
1 EL Butter (zimmerwarm)

Zubereitungszeit: 40 Minuten
Ruhe-/Gehzeit: etwa 4 Stunden
Backzeit: 50–60 Minuten

1 Für den Teig Wasser in eine Rührschüssel geben. Hefe und Honig unter Rühren darin auflösen. Alle Mehlsorten und das Salz hinzugeben, mit einem Mixer (Knethaken) zu einem glatten Teig verkneten. Anschließend den Teig mit Frischhaltefolie zugedeckt so lange an einem warmen Ort gehen lassen, bis er sich sichtbar vergrößert hat, etwa 2 Stunden.

2 Samen und Kerne in einer Schüssel gut vermengen. Den Teig auf einer leicht mit Mehl bestäubten Arbeitsfläche mit den Händen etwa 1 Minute kneten, dabei zwei Drittel der Körnermischung sorgfältig einarbeiten.

3 Den Tontopf mit Butter ausstreichen und den Boden mit Backpapier belegen. Etwas von der Körnermischung an die Innenseite des Topfes streuen. Die Teigkugel in den restlichen Körnern wälzen, dann in den Tontopf geben.

4 Den Backofen vorheizen.
Ober-/Unterhitze: etwa 50 °C.

5 Den Backofen ausschalten. Den Tontopf auf einen Rost in den Backofen stellen und den Teig darin so lange gehen lassen, bis er sich sichtbar vergrößert hat, etwa 2 Stunden.

6 Ein ofenfestes Gefäß mit heißem Wasser auf einen Metall-Kuchenrost auf den Boden des Backofens stellen. Backofen einschalten.
Ober-/Unterhitze: etwa 200 °C.
Das Brot **50–60 Minuten backen.**

7 Den Topf auf einen Kuchenrost stellen. Das Brot etwas abkühlen lassen, anschließend aus der Form lösen, wieder in die Form zurückgeben und vollständig erkalten lassen.

Tipps: Spülen Sie die Blumentöpfe vor der Verwendung sehr gründlich. Besonders gut löst sich das Brot, wenn Sie den Tontopf vollständig mit Backpapier auslegen. Sie können das Brot aber auch in einer Kastenform (etwa 20 x 11 cm) backen.

FITMACHER-TIPP:

Leinsamen macht lange satt und wirkt verdauungsfördernd. Diese Wirkung beruht auf den in Leinsamen enthaltenen Schleimstoffen, die unter Wasseraufnahme aufquellen. Leinsamen ist zudem sehr fett. Dieses Fett besteht aber zum größten Teil aus mehrfach ungesättigten Fettsäuren.

HONIG-MÜSLI-STANGEN

ENERGIE-MÜSLI TO GO

5 Stück

Pro Stück:
E: 14 g, F: 20 g, Kh: 74 g,
kJ: 2325, kcal: 555, BE: 6,0

Für den Teig:
125 g Magerquark
100 g Bananenfruchtfleisch
  (vorbereitet gewogen)
1 EL Zitronensaft
100 g flüssiger Honig
70 ml Sonnenblumenöl
225 g dunkles Weizenmehl
  (Type 1050)
75 g Weizenmehl (Type 405)
4 gestr. TL Dr. Oetker Backin
25 g Weizenkleie
75 g Fruchtmüsli
  (ohne Zuckerzusatz, mit
  hohem Fruchtanteil)

Zum Bestreichen und Bestreuen:
1 Eigelb
1 EL Wasser
2 EL geschälte Sesamsamen

Zubereitungszeit:
20 Minuten, ohne Abkühlzeit
Backzeit:
etwa 25 Minuten

1 Für den Teig den Quark in einem Sieb sehr gut abtropfen lassen. Den Backofen vorheizen.
Ober-/Unterhitze: etwa 180 °C, Heißluft: etwa 160 °C.

2 Das Bananenfruchtfleisch fein zermusen oder pürieren, anschließend mit Zitronensaft, Honig und Quark in einer Rührschüssel glatt rühren. Das Öl nach und nach unterrühren.

3 Beide Mehlsorten mit dem Backpulver mischen und in eine Rührschüssel sieben. Weizenkleie und Müsli untermischen. Die Mehlmischung zum Bananenquark geben. Die Zutaten mit einem Mixer (Knethaken) zunächst kurz auf niedrigster, dann auf höchster Stufe zügig durcharbeiten, bis alle Zutaten gerade gemischt sind.

4 Die Teigmischung auf eine leicht bemehlte Arbeitsfläche geben und mit den Händen kurz glatt verkneten. Den Teig in 5 gleich große Portionen teilen und diese zu Stangen (je etwa 12–15 cm lang) formen. Die Honig-Müsli-Stangen auf ein Backblech (mit Backpapier belegt) legen und jeweils mit einem scharfen Messer 2–3-mal schräg oder 1-mal längs leicht einschneiden.

5 Zum Bestreichen Eigelb mit Wasser verschlagen. Die Honig-Müsli-Stangen damit bestreichen und mit Sesam bestreuen. Das Backblech in den vorgeheizten Backofen schieben. Die Honig-Müsli-Stangen in **etwa 25 Minuten goldbraun backen.**

6 Die Honig-Müsli-Stangen mit dem Backpapier von dem Backblech auf einen Kuchenrost ziehen und etwas abkühlen lassen.

Tipps: Die Honig-Müsli-Stangen schmecken am besten noch leicht warm, entweder pur oder mit fettarmem Frischkäse und Fruchtaufstrich bestrichen. Die gebackenen, abgekühlten Müsli-Stangen können Sie sehr gut einfrieren und so etwa 2 Monate aufbewahren. Zum Servieren lassen Sie die Stangen über Nacht bei Zimmertemperatur auftauen und backen sie auf dem Brötchenaufsatz des Toasters am nächsten Morgen kurz auf. Sie können auch 10 kleinere Müslistangen aus dem Teig zubereiten. Die Backzeit verringert sich dann auf etwa 20 Minuten.

FITMACHER-TIPP:

Weizenkleie wird aus den Randschichten des Weizenkorns gewonnen. Sie liefert Ballaststoffe, B-Vitamine und Magnesium.

VOLLKORN**BRÖTCHEN**

14 Stück

Pro Stück:
E: 7 g, F: 4 g, Kh: 26 g,
kJ: 711, kcal: 169, BE: 2,0

Für den Hefeteig:
300 g Weizenmehl (Type 1050)
200 g Dinkelmehl (Type 1050
  oder 630)
21 g frische Hefe
250 ml lauwarmes Wasser
1 Prise Zucker
je 1 EL Mohnsamen, Sesamsamen,
  Sonnenblumenkerne, Kürbiskerne
1 TL Salz
1 TL Olivenöl

Außerdem:
etwas Wasser zum Bestreichen
etwas Mehl für die Arbeitsfläche
Samen und Körner nach Wahl zum
  Bestreuen

Zubereitungszeit:
etwa 20 Minuten
Ruhe-/Gehzeit:
etwa 60 Minuten
Backzeit:
20–25 Minuten

1 Für den Teig beide Mehlsorten in einer Rührschüssel vermischen und in die Mitte eine Vertiefung eindrücken. Hefe hineinbröckeln, mit etwas Wasser und Zucker verrühren und etwa 15 Minuten stehen lassen.

2 Restliche Zutaten mit dem restlichen Wasser hinzufügen und mit einem Mixer (Knethaken) zunächst auf niedrigster, dann auf höchster Stufe in etwa 5 Minuten zu einem glatten Teig verarbeiten (der Teig darf noch etwas feucht sein). Den Teig zugedeckt so lange an einem warmen Ort gehen lassen, bis er sich sichtbar vergrößert hat, etwa 30 Minuten.

3 Anschließend den Teig nochmals auf einer leicht bemehlten Arbeitsfläche mit den Händen etwas durchkneten. Dann in 14 gleich große Stücke teilen und zu runden Brötchen formen. Die Brötchen auf ein Backblech (mit Backpapier belegt) setzen, etwas flach drücken und nach Belieben in der Mitte eine Vertiefung einschneiden. Brötchen nochmals zugedeckt so lange an einem warmen Ort gehen lassen, bis sie sich sichtbar vergrößert haben, etwa 15 Minuten.

4 Den Backofen vorheizen.
Ober-/Unterhitze: etwa 220 °C, Heißluft: etwa 200 °C.
Dabei ein ofenfestes Gefäß mit heißem Wasser füllen und auf einen Metall-Kuchenrost auf den Boden des Backofens stellen.

5 Die Brötchen mit etwas Wasser bestreichen und nach Belieben mit Samen und Körnern bestreuen. Das Backblech in den vorgeheizten Backofen schieben. Die Brötchen **20–25 Minuten backen.**

6 Die Brötchen mit dem Backpapier von dem Backblech auf einen Kuchenrost ziehen und etwas abkühlen lassen.

Tipp: Die Brötchen lassen sich prima portionsweise einfrieren (maximale Lagerdauer: 2–3 Monate). Zum Aufbacken die Brötchen kurz antauen lassen und auf dem Brötchenaufsatz des Toasters von beiden Seiten kurz aufbacken.

FITMACHER-TIPP:

Mohn verleiht den Brötchen einen angenehm nussigen und aromatischen Geschmack. Die Samen sind mit bis zu 50 % Fett nicht gerade kalorienarm, dafür aber ballaststoffreich. Sie versorgen uns zudem mit reichlich Kalzium und Magnesium, hinzu kommen Eisen und Zink.

BIRNEN-WALNUSS-BROT

SHAKE IT!

1 Brot

Insgesamt:
E: 77 g, F: 244 g, Kh: 392 g,
kJ: 17039, kcal: 4072, BE: 32,5

Zum Vorbereiten:
100 g getrocknete Birnen
2 EL Zitronensaft

125 g Butter oder Margarine

Für den Schüttelteig:
250 g Weizenmehl
3 gestr. TL Dr. Oetker Backin
125 g Zucker
1 Msp. Salz
2 Pck. Dr. Oetker Finesse Geriebene
  Zitronenschale
3 Eier (Größe M)
2 EL Zitronensaft
150 g saure Sahne
150 g gehackte Walnusskerne

Zubereitungszeit:
25 Minuten, ohne Abkühlzeit
Backzeit:
etwa 60 Minuten

1 Zum Vorbereiten Birnen in kleine Stücke schneiden, mit Zitronensaft beträufeln und bis zur Weiterverwendung durchziehen lassen. Dabei gelegentlich umrühren. Butter oder Margarine zerlassen und abkühlen lassen.

2 Den Backofen vorheizen.
Ober-/Unterhitze: etwa 180 °C, Heißluft: etwa 160 °C.

3 Für den Teig Mehl mit Backpulver in eine verschließbare Schüssel (etwa 3 l) geben und mit Zucker, Salz und Zitronenschale mischen. Flüssige, abgekühlte Butter oder Margarine, Eier, Zitronensaft und saure Sahne hinzufügen. Anschließend die Schüssel mit dem Deckel fest verschließen.

4 Schüssel mehrmals (insgesamt 15–30 Sekunden) kräftig schütteln, sodass alle Zutaten gut vermischt sind. Walnusskerne und Birnen-Zitronen-Mischung hinzugeben und alles mit einem Rührlöffel nochmals sorgfältig durchrühren, damit auch trockene Zutaten vom Rand und Deckel mit untergerührt werden.

5 Den Teig in eine Kastenform (30 x 11 cm, gefettet, mit Backpapier ausgelegt) geben und glatt streichen. Die Form auf dem Rost in den vorgeheizten Backofen schieben. Das Birnen-Walnuss-Brot **etwa 60 Minuten backen**. Das Brot evtl. nach 40 Minuten Backzeit mit Backpapier zudecken, damit es nicht zu dunkel wird.

6 Die Form auf einen Kuchenrost stellen. Das Brot etwa 10 Minuten darin erkalten lassen. Dann das Brot aus der Form nehmen und das Backpapier entfernen. Das Brot auf dem Kuchenrost vollständig erkalten lassen.

Tipp: Geben Sie 1 gestrichenen Teelöffel gemahlenen Zimt und 1 Messerspitze gemahlene Gewürznelken mit in den Teig.

FITMACHER-TIPP:

Die Birnensaison startet bei uns im frühen Herbst. Die süßen Früchte gelten als magenfreundlich, sind fettarm, liefern Ballaststoffe und Kalium.

HAFER-WHOOPIES

CREMIG GEFÜLLT

7–8 Stück

Pro Stück:
E: 7 g, F: 13 g, Kh: 24 g,
kJ: 1022, kcal: 244, BE: 2,0

Für den Teig:
25 g Walnusskernhälften
80 g Butter oder Margarine
  (zimmerwarm)
60 g feiner brauner Zucker
1 Prise Salz
100 g Dinkelmehl (Type 630)
1 ½ gestr. TL Dr. Oetker Backin
50 g zarte Haferflocken
1 Ei (Größe M)
evtl. 1 TL grob gem. Kaffeepulver

Für die Frischkäsecreme:
175 g Frischkäse (3 % Fett),
  Magerquark oder körniger
  Frischkäse
2–3 TL feiner brauner Zucker
1 TL fein geriebene Bio-Zitronen-
  schale (unbehandelt, ungewachst)

Zubereitungszeit:
15 Minuten, ohne Abkühlzeit
Backzeit:
etwa 22 Minuten

1 Den Backofen vorheizen.
Ober-/Unterhitze: etwa 180 °C, Heißluft: etwa 160 °C.

2 Für den Teig die Walnusskernhälften fein hacken. Butter oder Margarine, Zucker und Salz in eine Rührschüssel geben. Die Zutaten mit einem Mixer (Rührstäbe) zunächst kurz auf niedrigster, dann auf höchster Stufe hellcremig rühren.

3 Mehl mit Backpulver und Haferflocken sorgfältig vermischen. Die Mehl-Haferflocken-Mischung mit dem Ei, den gehackten Nüssen und nach Belieben dem Kaffeepulver hinzugeben. Die Zutaten mit dem Mixer (Knethaken) kurz zu einem glatten Teig verkneten.

4 Aus dem Teig zwischen den Handflächen 14–16 gleich große Kugeln (Ø etwa 5 cm) rollen. Die Teigkugeln mit etwas Abstand auf ein Backblech (mit Backpapier belegt) setzen. Das Backblech in den vorgeheizten Backofen schieben. Die Whoopies in **etwa 22 Minuten zartbraun backen.**

5 Die Whoopies mit dem Backpapier von dem Backblech auf einen Kuchenrost ziehen und erkalten lassen.

6 In der Zwischenzeit für die Frischkäsecreme Frischkäse, Quark oder körnigen Frischkäse mit Zucker und Zitronenschale verrühren. Die Hälfte der Whoopies mit der Creme bestreichen und mit den restlichen Whoopies belegen.

Tipps: Sie können die Whoopies auch ungefüllt servieren und die Creme getrennt dazureichen. Die Hafer-Whoopies lassen sich hervorragend vorbereiten und auf Vorrat backen. In gut verschlossenen Dosen und kühl gestellt halten sich die ungefüllten Whoopies 4–6 Tage.

FITMACHER-TIPP:

Der Gehalt an Eiweiß und wertvollen ungesättigten Fettsäuren ist bei Haferflocken sehr hoch. Dass Haferflocken so magenfreundlich sind, liegt vor allem an dem Schleimstoff Lichenin. Bemerkenswert ist zudem der Vitamin-B_1-Gehalt sowie der Eisenanteil.

FRÜHSTÜCKS-SCONES

SERVIERT MIT ZWEIERLEI ZIEGENFRISCHKÄSE

8 Stück

Pro Stück:
E: 7 g, F: 11 g, Kh: 22 g,
kJ: 943, kcal: 225, BE: 2,0

Für die Scones:
175 g dunkles Weizenmehl
   (Type 1050)
25 g zarte Haferflocken
2 ½ gestr. TL Dr. Oetker Backin
½ TL Salz
1 Prise Zucker
50 g Butter (kalt)
125 g Buttermilch

1 Eigelb
1 TL Wasser
2 EL kernige Haferflocken

Für den Ziegenfrischkäse:
200 g Frischkäse mit mildem
   Ziegenkäse (17 % Fett)
1 kleiner Stängel oder
   ½ TL gerebelter Rosmarin
2–3 frische Aprikosen oder 30 g
   getrocknete Soft-Aprikosen
½ TL flüssiger Honig
gem. Pfeffer
4–5 Stängel frische Kräuter
   (z. B. Basilikum, Dill, Petersilie,
   Kerbel)
20 g getrocknete Soft-Tomaten
½ Knoblauchzehe nach Belieben

Zubereitungszeit:
15 Minuten, ohne Abkühlzeit
Backzeit:
17–20 Minuten

1 Den Backofen vorheizen.
Ober-/Unterhitze: etwa 180 °C, Heißluft: etwa 160 °C.

2 Für die Scones Mehl mit Haferflocken, Backpulver, Salz und Zucker in einer Rührschüssel mischen. Butter in kleinen Stückchen hinzugeben und mit den Fingern in den Teig reiben. Buttermilch hinzugießen. Die Zutaten mit einem Mixer (Knethaken) zunächst kurz auf niedrigster, dann auf höchster Stufe zügig zu einem glatten Teig verkneten.

3 Den Teig auf einer leicht bemehlten Arbeitsfläche etwa 2 cm dick zu einem Rechteck (20 x 10 cm) ausrollen, in 8 gleich große Dreiecke schneiden. Scones auf ein Backblech (mit Backpapier belegt) legen. Eigelb mit Wasser verschlagen. Die Scones damit bestreichen und mit Haferflocken bestreuen. Das Backblech in den vorgeheizten Backofen schieben. Die Scones **17–20 Minuten backen.**

4 Für den Ziegenfrischkäse inzwischen Frischkäse glatt rühren, in 2 gleich große Portionen teilen. Frischen Rosmarin abspülen, trocken tupfen. Die Nadeln von dem Stängel zupfen und fein hacken. Frische Aprikosen abspülen, abtrocknen, halbieren und entsteinen. Aprikosen klein schneiden. Rosmarin, Honig und Pfeffer unter eine Portion Frischkäse rühren. Anschließend die Aprikosen kurz unterrühren.

5 Kräuter abspülen, trocken tupfen und die Blättchen bzw. Spitzen von den Stängeln zupfen. Blättchen fein hacken. Tomaten fein schneiden. Kräuter und Tomaten unter den restlichen Frischkäse rühren. Nach Belieben Knoblauch abziehen, durch eine Knoblauchpresse dazupressen und unterrühren, mit Pfeffer abschmecken.

6 Die fertig gebackenen Scones mit dem Backpapier von dem Backblech auf einen Kuchenrost ziehen, etwas abkühlen lassen. Die Scones mit dem Frischkäse servieren.

FITMACHER-TIPP:

Ihre hohen Stärke- und Eiweißanteile machen Weizen und Getreidesorten wie Roggen, Dinkel, Gerste, Hafer und Grünkern sehr nahrhaft. Für unsere Ernährung sind außerdem die Ballaststoffe bedeutend.

ERDBEER-MINZ-KONFITÜRE (im Foto rechts)

4 Gläser (mit Twist-off-Deckeln®, je etwa 200 ml)

Pro Glas:
E: 1 g, F: 0 g, Kh: 117 g,
kJ: 2061, kcal: 485, BE: 10,0

450 g vorbereitete, klein
  geschnittene Erdbeeren
2–3 Stängel Minze
Saft von 1 Zitrone
450 g Gelierzucker 1:1

Zubereitungszeit:
etwa 35 Minuten

1 Erdbeeren pürieren. Minze abspülen, trocken tupfen. Die Blättchen von den Stängeln zupfen und in feine Streifen schneiden.

2 Erdbeerpüree mit Zitronensaft und Gelierzucker verrühren. Alles unter Rühren bei starker Hitze zum Kochen bringen und nach Packungsanleitung etwa 4 Minuten sprudelnd kochen lassen. Minze noch etwa 1 Minute unter ständigem Rühren sprudelnd mitkochen lassen. Topf von der Kochstelle nehmen.

3 Die Erdbeermasse sofort randvoll in die vorbereiteten Gläser füllen. Gläser verschließen, umdrehen und etwa 5 Minuten stehen lassen.

KICHERERBSENMUS (im Foto links)

1 Glas (etwa 200 ml)

Insgesamt:
E: 9 g, F: 13 g, Kh: 32 g,
kJ: 1201, kcal: 287, BE: 2,5

1 EL Sonnenblumenöl
1 fein gehackte Schalotte
je 1 gestr. TL gem. Kurkuma
  (Gelbwurz) und Currypulver
Salz
100 g abgetropfte Kichererbsen
  (aus der Dose)
2–3 EL Gemüsebrühe
50 g Banane (vorbereitet gewogen)
gem. Pfeffer

Zubereitungszeit: etwa 10 Minuten, ohne Abkühlzeit

1 Öl in einem Topf erhitzen. Schalotte mit Kurkuma, Curry und ½ Teelöffel Salz darin andünsten. Kichererbsen mit der Brühe 2–3 Minuten bei mittlerer Hitze mitdünsten. Anschließend den Topf von der Kochstelle nehmen.

2 Kichererbsen abkühlen lassen, dann mit der Banane in einem Rührbecher pürieren, mit Salz und Pfeffer kräftig abschmecken, evtl. noch etwas Brühe unterpürieren.

FITMACHER-TIPP:

Kichererbsen sollten aufgrund ihres hohen Eiweiß- und Eisenanteils bei Vegetariern und Veganern regelmäßig auf dem Speiseplan stehen. Zudem enthalten sie recht viel Kalzium, Kalium und Magnesium

ERDBEER-HONIG-AUFSTRICH (im Foto hinten)

GUT VORZUBEREITEN

6 Portionen

Pro Portion:
E: 3 g, F: 7 g, Kh: 7 g, kJ: 455,
kcal: 109, BE: 0,5

2 EL Kürbiskerne
1 ½ EL Zucker
Mark von ½ kleinen Vanilleschote
100 g Mascarpone light
½ Pck. Dr. Oetker Finesse
  Geriebene Zitronenschale
½–1 EL flüssiger Honig
100 g Erdbeeren

Zubereitungszeit: 20 Minuten,
ohne Abkühlzeit

1 Kürbiskerne in einer Pfanne ohne Fett unter Wenden rösten, dann herausnehmen. Zucker in der Pfanne bei mittlerer Hitze goldgelb karamellisieren lassen. Kürbiskerne unterrühren und anschließend auf einem Stück Backpapier erkalten lassen.

2 Vanillemark mit Mascarpone, Zitronenschale und Honig cremig rühren. Erdbeeren abspülen, putzen, auf Küchenpapier gut abtropfen lassen und fein würfeln. Erkaltete Karamell-Kürbiskerne grob zerbrechen, zwischen Backpapier legen und mit einer Teigrolle zerkleinern, in ein verschließbares Gefäß geben und trocken stellen.

3 Erdbeerstückchen unter die Mascarponecreme rühren, in ein verschließbares Gefäß füllen und in den Kühlschrank stellen. Zum Servieren Krokant unter den Aufstrich rühren.

SÜßKARTOFFEL-ERDBEER-AUFSTRICH
(im Foto vorn)

ROT & SÜß

6 Portionen

Pro Portion:
E: 1 g, F: 1 g, Kh: 6 g,
kJ: 180, kcal: 43, BE: 0,5

125–150 g Süßkartoffel
100 g Erdbeeren
Schale und Saft von ½ Bio-Limette
  (unbehandelt, ungewachst)
½ EL Ricotta (ital. Frischkäse)
½ Pck. Dr. Oetker Vanillin-Zucker
1 Msp. gem. Zimt
½ EL geröstete Pinienkerne

Zubereitungszeit: 20 Minuten,
ohne Abkühlzeit

1 Süßkartoffel schälen, abspülen, abtropfen lassen, klein schneiden und in kochendem Salzwasser in etwa 10 Minuten gar kochen. Erdbeeren abspülen, putzen, trocken tupfen. Zwei Drittel davon halbieren. Restliche Erdbeeren klein schneiden. Erdbeerhälften mit Limettenschale und -saft weich kochen, heiß pürieren und nochmals unter ständigem Rühren bei mittlerer Hitze in etwa 5 Minuten dicklich einkochen. Dann abgießen und gut abdampfen lassen, mit einer Gabel zerdrücken. Lauwarme Kartoffeln und Erdbeersauce mit Ricotta, Vanillin-Zucker und Zimt verrühren. Pinienkerne und Erdbeerstückchen unterrühren, in ein verschließbares Gefäß füllen, erkalten lassen und in den Kühlschrank stellen.

FITMACHER-TIPP:

Süßkartoffeln haben einen hohen Gehalt an sekundären Pflanzenstoffen wie z. B. Carotinoide. Hinzu kommen Zink und Eisen.

ORIENTALISCHER SOJAQUARK (im Foto hinten)

6–8 Portionen

Pro Portion:
E: 5 g, F: 6 g, Kh: 13 g,
kJ: 566, kcal: 135, BE: 1,0

500 g Sojajoghurt
je 40 g Aprikosen, Datteln, Feigen
  (alles getrocknet)
je 2 EL Mandeln und Pistazien
  (alles gehackt, geröstet)
1 Bio-Orange
je ½ gestr. TL Koriander und
  Kreuzkümmel (alles gem.)
Cayennepfeffer, Salz

Zubereitungszeit: 25 Minuten,
ohne Durchzieh- und Abtropfzeit

1 Ein Sieb (mit einem sauberen Geschirrtuch ausgelegt) in eine Schüssel hängen. Joghurt darin über Nacht im Kühlschrank mit Frischhaltefolie zugedeckt abtropfen lassen.

2 Trockenfrüchte fein würfeln. Je 1 Teelöffel davon sowie von den Mandeln und Pistazien beiseitestellen. Orange heiß abwaschen und abtrocknen. 1 Esslöffel Schale fein abreiben. Orange halbieren und 2 Esslöffel Saft auspressen.

3 Mandeln, Pistazien, Früchte, Orangenschale und -saft, Koriander und Kreuzkümmel unter den abgetropften Quark rühren, mit Cayennepfeffer und Salz würzen, etwa 30 Minuten zugedeckt ziehen lassen. Mit den beiseitegestellten Zutaten garnieren.

GURKENQUARK (im Foto vorn)

6–8 Portionen

Pro Portion:
E: 4 g, F: 4 g, Kh: 2 g,
kJ: 280, kcal: 67, BE: 0,0

500 g Sojajoghurt
175 g Bio-Salatgurke
½ TL Salz, ½ Bund Dill
25 g gehackte, geröstete
  Walnusskerne
2 TL Schwarzkümmelsamen
gem. Pfeffer

Zubereitungszeit: 25 Minuten,
ohne Durchzieh- und Abtropfzeit

1 Sojajoghurt wie oben unter Punkt 1 beschrieben abtropfen lassen. Gurke abspülen, abtrocknen, Ende abschneiden. Gurke längs halbieren, entkernen, grob raspeln, mit Salz vermengen, etwa 20 Minuten stehen lassen. Dill abspülen, trocken tupfen, die Spitzen von den Stängeln zupfen und fein schneiden. Gurken gut ausdrücken, mit dem Quark vermengen. Nüsse (1 Teelöffel beiseitstellen), Dill und 1 ½ Teelöffel Schwarzkümmel unterrühren, mit Salz und Pfeffer würzen, etwa 30 Minuten zugedeckt ziehen lassen. Mit Nüssen und restlichem Schwarzkümmel bestreuen.

FITMACHER-TIPP:

Freilandgurken werden von Mitte August bis Ende September angeboten. Sie liefern pro 100 g nur etwa 12 kcal.

BANANENAUFSTRICH (im Foto vorn)

FÜR KINDER

6 Portionen

Pro Portion:
E: 3 g, F: 1 g, Kh: 8 g,
kJ: 248, kcal: 59, BE: 0,5

1 Banane (etwa 150 g)
Saft von ½ Zitrone
125 g Magerquark
1 EL Kokosraspel
20 g Korinthen
½ EL Zucker

Zubereitungszeit: 15 Minuten

1 Die Banane schälen, der Länge nach vierteln und in kleine Würfel schneiden. Die Bananenwürfel mit dem Zitronensaft verrühren.

2 Den Quark mit Kokosraspeln, Korinthen und Zucker verrühren, die Bananenwürfel untermischen.

KIWIAUFSTRICH (im Foto hinten)

VEGAN

6 Portionen

Pro Portion:
E: 4 g, F: 3 g, Kh: 15 g,
kJ: 451, kcal: 107, BE: 1,3

2 Kiwis
2 EL Apfelkraut
2–3 EL Sanddorn-Fruchtaufstrich
   oder -mus
3 EL Weizenkeime
4 EL Haferflocken

Zubereitungszeit: 15 Minuten

1 Die Kiwis schälen, halbieren und in kleine Würfel schneiden. Apfelkraut mit Sanddorn verrühren, die Kiwiwürfel unterrühren. Weizenkeime und Haferflocken ebenfalls unterrühren.

Tipps: Sie können beide Aufstriche in verschlossenen Gläsern 3–4 Tage im Kühlschrank aufbewahren.

FITMACHER-TIPP:

Magerquark versorgt uns bei einem sehr geringen Fettanteil mit hochwertigem Eiweiß und mit Kalzium.

ARTISCHOCKENCREME (im Foto hinten)

3–4 Portionen

Pro Portion:
E: 3 g, F: 14 g, Kh: 4 g,
kJ: 652, kcal: 154, BE: 0,5

120 g abgetropfte Artischocken-
   herzen (in Öl)
je 15 g abgetropfte getrocknete
   Tomaten (in Öl) und abgetropfte
   schwarze Oliven (ohne Stein)
½ EL abgetropfte Kapern
1 EL geröstete Pinienkerne
35 g vegane Mayonnaise
35 g Sojajoghurt
1 kleine Knoblauchzehe
2 Stängel Basilikum
Salz, gem. Pfeffer, etwas Zucker

Zubereitungszeit:
25 Minuten, ohne Durchziehzeit

1 Artischocken, Tomaten, Oliven, Kapern und Pinienkerne fein hacken, in einer Schüssel vermischen. 1 Esslöffel davon beiseitelegen.

2 Mayonnaise mit Joghurt glatt rühren. Knoblauch abziehen und
durch eine Knoblauchpresse hinzudrücken. Anschließend Basilikum
abspülen, trocken tupfen, die Blättchen von den Stängeln zupfen
und fein schneiden.

3 Basilikum und Gemüsemischung unter den Mayonnaise-Joghurt
rühren, mit Salz, Pfeffer und Zucker würzen, zugedeckt etwa
30 Minuten in den Kühlschrank stellen.

4 Zum Servieren Artischockencreme nochmals umrühren und mit
den Gewürzen abschmecken. Beiseitegelegte Gemüsemischung
daraufgeben.

AVOCADO-LIMETTEN-CREME (im Foto vorn)

3–4 Portionen

Pro Portion:
E: 2 g, F: 7 g, Kh: 1 g,
kJ: 326, kcal: 78, BE: 0,0

½ reife Avocado (etwa 135 g)
100 g abgetropfter Seidentofu
5 große Blätter Zitronenverbene
½ Bio-Limette (unbehandelt,
   ungewachst)
Salz, gem. Pfeffer

Zubereitungszeit: 15 Minuten

1 Avocado entsteinen. Fruchtfleisch aus der Schale lösen, in einem
Rührbecher etwas zerkleinern. Tofu klein schneiden und hinzugeben. Kräuterblätter abspülen, trocken tupfen, in Streifen schneiden
und in den Rührbecher geben. Die Zutaten fein pürieren. Etwa
½ Teelöffel Limettenschale fein abreiben, mit der Avocadocreme
gut verrühren, mit Salz und Pfeffer abschmecken.

FITMACHER-TIPP:

Tofu ist „Quark" aus Sojamilch und für Vegetarier und
Veganer eine hervorragende Eiweißquelle. Zudem enthält er
Eisen und Kalzium. Aufgrund seines neutralen Geschmacks
kann er für süße und pikante Gerichte verwendet werden.
Der weiche Seidentofu eignet sich gut für cremige Speisen.

BLITZ-MÜSLI MIT SAISONBEEREN

TITELREZEPT

2 Portionen

Pro Portion:
E: 23 g, F: 19 g, Kh: 75 g,
kJ: 2521, kcal: 600, BE: 6,0

Für das Müsli:
250 ml Milch (1,5% Fett)
200 g Joghurt (1,5 % Fett)
2–3 EL Agavendicksaft
50 g 5-Korn-Vollkornflocken
2 EL getrocknete Cranberrys
2 EL Kürbiskerne
2 EL Leinsamen

Außerdem:
400 g frische Beeren der Saison,
  z. B. Himbeeren, Erdbeeren, Heidelbeeren, Brombeeren
2 EL kernige Haferflocken

Zubereitungszeit: 15 Minuten

1 Für das Müsli Milch in einer Schüssel mit dem Joghurt verrühren und mit Agavendicksaft abschmecken.

2 Die 5-Korn-Vollkornflocken in eine Schüssel geben. Jeweils die Hälfte der Cranberrys, Kürbiskerne und der Leinsamen untermischen, dann unter die Joghurtmilch rühren.

3 Das Müsli in 2 Portionsschälchen verteilen.

4 Beeren verlesen, evtl. putzen, kurz abspülen und gut abtropfen lassen. Beeren entstielen, Erdbeeren je nach Größe halbieren oder vierteln.

5 Die Beeren auf dem Müsli verteilen, mit den Haferflocken und den restlichen Cranberrys, Kürbiskernen und dem Leinsamen bestreuen.

FITMACHER-TIPP:

Die Cranberry-Saison startet im September und dauert etwa bis November. Die frischen Beeren sind extrem sauer. Getrocknet und gesüßt schmecken sie auch pur ganz wunderbar. Cranberrys sollen gegen Blasenentzündungen und Harnwegsinfekte helfen, auch vorbeugend.

RATGEBER

Fitness und Gesundheit! Beste Voraussetzung dafür ist eine ausgewogene Ernährungsweise und die beginnt auf jeden Fall mit einem Frühstück. Wer den ganzen Tag über leistungsfähig und ausgeglichen bleiben möchte, kommt um diese Mahlzeit nicht herum. Mit einem ordentlichen Frühstück können Sie zudem recht zuverlässig verhindern, dass sich am Vormittag Heißhunger, vor allem auf Süßigkeiten, entwickelt, der sich nur schwer kontrollieren lässt. Um dauerhaft schlank, fit und gesund zu bleiben, ist die erste Mahlzeit des Tages eine entscheidende Voraussetzung.

Die Fitmacher-Rezepte

Die meisten Rezepte wurden für 1 bis 4 Portionen entwickelt. Rezepte, die sich sehr gut auf Vorrat zubereiten lassen – etwa Gebackenes, das zum Beispiel eingefroren werden kann – können auch mehrere Portionen ergeben. Passen Sie die Einzelportionen Ihrem persönlichen Energiebedarf an, dabei helfen Ihnen die Nährwertangaben in den Rezepten. Gegebenenfalls können Sie die Portionen halbieren oder verdoppeln.

Unter jedem Rezept finden Sie einen Fitmacher-Tipp, in dem wir Ihnen ein bestimmtes Lebensmittel aus dem Rezept vorstellen.

Das perfekte Frühstück

Abwechslungsreich frühstücken!

Gestalten Sie Ihren Frühstücks-Speiseplan möglichst abwechslungsreich. Zu einem gesunden Frühstück gehören:

- Viel frisches, idealerweise regionales und saisonales, **Obst und Gemüse.**
- **Milch und Milchprodukte** liefern gesundes Eiweiß und sind unsere größte Kalziumquelle. Versuchen Sie hier auf fettarme Produkte zurückzugreifen.
- **Müsli und Brot** sollten Sie am besten in den Vollkorn-Varianten wählen.

Typgerecht frühstücken!

Achten Sie bei der Zusammenstellung unbedingt auch auf Ihre eigenen Vorlieben, schließlich soll Ihnen der Start in den Tag richtig gut schmecken. Tipps für unterschiedliche „Frühstücker:

- **„Süße" Frühstücker** sollten Fruchtaufstriche, Müslis und Flakes mit wenig bzw. ohne Zucker verwenden. Eine Gute Idee ist es immer, das Müsli selbst aus verschiedenen Flocken, Flakes, Nüssen, Samen und Kernen zusammenzumixen. In der Kombination mit frischem Obst und/oder einigen Trockenfrüchten, können Sie dabei ganz auf zusätzliches Süßen verzichten.
- **„Herzhafte" Frühstücker** sollten auf versteckte Fette in Wurst und Käse achten und lieber fettarmes Geflügelfleisch, fettarmen (Frisch-)käse und Quark wählen.
- Für **Frühstücksmuffel** sind Smoothies, Shakes und Lassis eine gute Wahl. Ein zweites spätes Frühstück mit etwas Brot und Gemüse zum Knabbern ist ideal.

Stressfrei frühstücken!

Nicht nur was man frühstückt ist wichtig, sondern auch wie. Mit diesen Tipps starten Sie gut und glücklich in den Tag:

- Gute Vorbereitung ist alles: Bereiten Sie Ihr Frühstück bereits am Abend vor, sodass Sie am Morgen weniger Zeit für die Zubereitung benötigen und mehr Zeit für das Essen einplanen können.
- Nehmen Sie sich Zeit für die Zubereitung und für den Genuss – lassen Sie keine Hektik aufkommen.
- Setzen Sie sich zum Essen hin und essen Sie nicht schnell im Stehen.
- Denken Sie daran, auch ausreichend zu trinken. Ungesüßte Kräuter- und Früchtetees, Wasser – ganz gleich ob es sich um Trinkwasser aus der Leitung oder um Mineralwasser handelt – oder Fruchtsaftschorlen (ideal im Verhältnis 1:3 bis 1:4) sind gute Durstlöscher. Wenn Sie nur einen kleinen Snack frühstücken oder lieber gar nichts essen, sind Smoothies, Shakes oder Lassis ideale Nährstofflieferanten. Rezeptideen dafür finden Sie ab Seite 36 in diesem Buch.

Energiebilanz: Getränke bitte mitzählen!

Ein Erwachsener sollte pro Tag 1½–2 Liter Flüssigkeit zu sich nehmen, um den Flüssigkeitsverlust im Körper auszugleichen und alle Körperfunktionen optimal in Gang zu halten. Ganz entscheidend dabei ist jedoch, was Sie trinken! Denken Sie deshalb bereits bei der Auswahl Ihres Getränks zum Frühstück unbedingt daran, auch diese Nährwerte mitzuberechnen. Viele Menschen nehmen Getränke als Energielieferanten gar nicht wahr.

Auch wenn sie sonst sehr bewusst auf ihre Ernährung achten, wissen viele dabei gar nicht, dass auch vermeintlich gesunde Durstlöscher wie Fruchtsäfte und Fruchtschorlen mit ordentlich Kalorien das Nährstoffkonto füllen. Das Gleiche gilt für Milchgetränke. Dickflüssige Getränke wie Shakes und Smoothies liefern sogar so viel Energie, dass sie je nach Zutaten mit einem Snack oder manchmal auch mit einer vollständigen Mahlzeit gleichzusetzen sind. Die folgende Tabelle gibt Ihnen einen Überblick über den Kalorien- und Fettgehalt einiger der gängigsten Frühstücksgetränke.

Kalorien- und Fett-Tabelle: Frühstücksgetränke

1 Glas Orangensaft (200 g): F: 0 g, kcal: 87

1 Glas Latte Macchiato (360 g): F: 5 g, kcal: 16

1 Tasse Kaffee (160 g): F: 0 g, kcal: 3

1 Glas Buttermilch (200 g): F: 1 g, kcal: 74

1 Portion Dosenmilch (10 g): F: 1 g, kcal: 18

1 Glas Milch (200 g): F: 7 g, kcal: 130

1 Glas Limonade (200 g): F: 0 g, kcal: 90

1 Tasse Espresso (60 g): F: 0 g, kcal: 1

1 Glas Mulivitaminsaft (200 g): F: 0 g, kcal: 100

1 Tasse Cappuccino (160 g): F: 3 g, kcal: 53

Zucker (Rohrzucker – 2 Stücke): F: 0 g, kcal: 24

ALLGEMEINE HINWEISE

Abkürzungen

EL	=	Esslöffel
TL	=	Teelöffel
Msp.	=	Messerspitze
Pck.	=	Packung/Päckchen
g	=	Gramm
kg	=	Kilogramm
ml	=	Milliliter
l	=	Liter
evtl.	=	eventuell
geh.	=	gehäuft
gem.	=	gemahlen
ger.	=	gerieben
gestr.	=	gestrichen
TK	=	Tiefkühlprodukt
°C	=	Grad Celsius
Ø	=	Durchmesser

Kalorien-/Nährwertangaben

E	=	Eiweiß
F	=	Fett
Kh	=	Kohlenhydrate
kJ	=	Kilojoule
kcal	=	Kilokalorien
BE	=	Broteinheiten

Bei den Nährwertangaben in den Rezepten handelt es sich um auf- bzw. abgerundete ganze Werte. Lediglich die Broteinheiten werden mit einer Stelle nach dem Komma angegeben. Aufgrund von ständigen Rohstoffschwankungen und/oder Rezepturveränderungen bei Lebensmitteln, kann es zu Abweichungen kommen. Die Nährwertangaben dienen daher lediglich Ihrer Orientierung und eignen sich nur bedingt für die Berechnung eines Diätplans, zum Beispiel bei Krankheiten wie Diabetes. Bei krankheitsbedingten Diäten richten Sie sich daher bitte nach den Anweisungen Ihres Diätassistenten bzw. Ihres Arztes.

Hinweise zu den Rezepten

Lesen Sie bitte vor der Zubereitung – besser noch vor dem Einkaufen – das Rezept einmal vollständig durch. Oft werden Arbeitsabläufe oder -zusammenhänge dann klarer.
Die Zutaten sind in der Reihenfolge ihrer Verarbeitung aufgeführt. Die Arbeitsschritte sind einzeln hervorgehoben, in der Reihenfolge, in der wir sie ausprobiert haben.

Zubereitungszeiten

Die Zubereitungszeit ist ein Anhaltswert für die Dauer der Vorbereitung und die eigentliche Zubereitung. Längere Wartezeiten wie Kühl- oder Abkühlzeiten, Auftau- und Durchziehzeiten sind, sofern parallel keine weitere Tätigkeit erfolgt, nicht mit einbezogen. Die Gar- und Backzeiten sind ebenfalls im Rezept angegeben.

Backofeneinstellung

Die in den Rezepten angegebenen Gar- und Backtemperaturen sowie -zeiten sind Richtwerte, die je nach individueller Hitzeleistung des Backofens über- oder unterschritten werden können. Die Temperaturangaben in diesem Buch beziehen sich auf Elektrobacköfen. Die Möglichkeiten der Temperatureinstellung für Gasbacköfen variieren je nach Hersteller, sodass wir keine allgemeingültigen Angaben machen können. Bitte beachten Sie deshalb auch die Gebrauchsanweisung des Herstellers. Ein Backofenthermometer eignet sich dabei gut, um die Backofentemperatur im Blick zu haben.

KAPITELREGISTER

ALPHABETISCHES REGISTER

Für Fragen, Vorschläge oder Anregungen stehen Ihnen der Verbraucher-service der Dr. Oetker Versuchsküche Telefon: 00800 71 72 73 74 Mo.–Fr. 8:00–18:00 Uhr (gebührenfrei in Deutschland) oder die Mitarbeiter des Dr. Oetker Verlages Telefon: +49 (0) 521 52 06 51 Mo.–Fr. 9:00–15:00 Uhr zur Verfügung. Oder schreiben Sie uns: Dr. Oetker Verlag KG, Am Bach 11, 33602 Bielefeld. Oder besuchen Sie uns im Internet unter www.oetker-verlag.de, www.facebook.com/Dr.OetkerVerlag oder www.oetker.de.

Umwelthinweis Dieses Buch und der Einband wurden auf FSC®-zertifiziertem, chlorfrei gebleichtem Papier gedruckt. Die Einschrumpffolie – zum Schutz vor Verschmutzung – ist aus umweltfreundlichem und recyclingfähigem PE-Material.

FSC MIX Papier aus verantwor-tungsvollen Quellen FSC® C043954

Copyright © 2015 by Dr. Oetker Verlag KG, Bielefeld

Redaktion Christina Langner

Titelfoto Thomas Diercks, Hamburg
Innenfotos Walter Cimbal, Hamburg (S. 101)
Fotostudio Diercks – Thomas Diercks, Kai Boxhammer, Christiane Krüger, Hamburg (S. 11, 19, 31, 47, 63, 73, 75, 89, 93, 97, 99, 107, 115, 117, 121, 124)
Eising Studio Food Photo & Video, München (S. 23, 29, 33, 43, 91)
Janne Peters, Hamburg (S. 17, 41, 51, 81)
Antje Plewinski, Berlin (S. 4–9, 13, 15, 21, 25, 27, 35–39, 45, 49, 53–61, 65–71, 77, 79, 83–87, 95, 103, 105, 109–113, 111)
Axel Struwe, Bielefeld (S. 119)

Rezeptentwicklung Susanne Raht, Hamburg

Foodstyling Anke Rabeler, Berlin

Nährwertberechnungen Nutri Service, Hennef

Grafisches Konzept und Satz MDH Haselhorst, Bielefeld
Titelgestaltung küstenwerber, Hamburg

Reproduktionen Lithotronic Media GmbH, Berchtesgaden
Druck und Bindung Stürtz GmbH, Würzburg

ISBN: 978-3-7670-1032-1